とっさの怒りに負けない！子育て

野村恵里

すばる舎

こんにちは！
本の案内をする
ポン太です！
よろしくね

はじめに

・朝から、小言だらけでヘトヘト

「早く起きて！」「早く食べて！」「早くやってー！」

朝っぱらから、小言だらけで子どもに接するママ。

それが私でした。

一度言い出すと止められず、口癖のように「早く」「早く」と子どもを急かして、ちょっとでもノロノロするとイラッとして怒りつけていました。

その上、短気な性分で、

「起こされたら、起きるべき」

「ご飯は温かいうちに食べるべき」

「集合時間の5分前には着くべき」
「言ってきますの挨拶をすべき」
など、「やるべきこと」が実行されないと、とてもイライラしたのです。

怒りは相手だけでなく、自分の身もすり減らします。怒ると体力も気力もドッと消耗しますよね。これを四六時中するのですから親子でヘトヘトになりました。

●「もうダメかも」と思ったときに運命の出会いが！

私には、男の子が2人いるのですが、当時、私の怒りの一番の被害者は長男でした。

小学3年生の頃まで、あまり公には言えないような怒り方をしていたんです。

「しつこい！」

親子ともにヘトヘトの毎日……
オレのごはんはー？
はぁー

「泣いてもダメなものはダメ！」

と突き放したような怒り方をしていて、今、思い出しても胸が苦しくなります。

当時の私は、ちょっとでもイライラすると止まらず、声を荒げることも日常茶飯事だったんです。


毎日、ガミガミ怒っているうちに、もともと明るい性格だった長男が元気をなくしました。 8歳のときです。

「母ちゃん、遊んでもいい？」

「母ちゃん、テレビ見てもいい？」

「母ちゃん、お菓子、食べてもいい？」

と1から10まで私に聞かなければ行動できなくなってしまったのです。


一方、４歳の次男は、私の怒りに反応して、ふてる、す

ねる、癇癪を起こすのオンパレードです。さんざん怒りつけた夜、子どもの寝顔を見て「怒りすぎたかも、ごめんね」と懺悔する日々を送っていました。

「もうイヤ！　このままでは、ダメになる！」

そう思っていた矢先に出会ったのが、アンガーマネジメントでした。

怒りの気持ちを適切にコントロールするスキルだと知り、

「超短気な私には、無理かもしれない」

「でも、もしかしたら、何かが変わるかも！」

そう思って、藁をもつかむ思いで飛びついたのが10年前です。

これが大当たりでした。

どうしようもないほど辛い日々から、救われたのです。

怒るのをやめるなんてできるのかしら？
怒ってもいいんだよ

・長男の告白に涙が出た

アンガーマネジメントに出会ってから、とにかくできることを一つ一つやっていきました。すると、1週間、2週間経つうちに、変化を感じ始めました。

以前なら、「こらー!!」と怒りつける場面で、〈一呼吸おける〉ようになったのです。

次第に、〈伝えたいメッセージを〉子どもにわかるように〈伝えられる〉ようになっていきました。

長男が中学生になった頃、こう言いました。

「母ちゃんが、アンガーマネジメントをやってくれてよかった。俺、めちゃめちゃしんどかったから」と。

もうね、申し訳なくて涙がボロボロこぼれてしまいました。私だけじゃなくて、息子もアンガーマネジメント

この3つのルールを守っていればね
人を傷つけない
自分を傷つけない
物を壊さない
ばーーん

に救われてたんだな、と感じた瞬間でした。

現在、長男は大学1年、次男は中学3年になりました。思春期まっさかりですが、「あー、子どもってかわいいな」と、心から笑える母ちゃんをしています。10年前、「私には無理」と決めつけて諦めていたら、こんな幸せな今はなかっただろうなぁと思います。

● さあ、今日から始めましょう！

私のように怒りっぽいママに朗報です。アンガーマネジメントでは、ルールを守れば、「怒っていい！」と考えます。そもそも、子育てをしていたら怒らないなんてこと、難しいんです。

ママは、子どものためを思って頑張っているからこそ、

本当は
毎日 子どもの
笑顔を見て
楽しく
暮らしたい

イライラするんですよね。

子どもは何にも代え難い大事な存在ですし、決して、傷つけたいわけではありません。

ぜひ、本書を読んでください。できそうなことを一つでもいいので、やってみてください。

本書を読めば、怒りすぎて後悔することも、罪悪感を感じることも減っていくはずです。

今日から始めれば大丈夫！

一緒にやっていきましょう！

2023年5月吉日

野村恵里

目次

2章

毎日のイライラを整理し、捨てていく
「怒ること」が減っていき、ラクになるコツ！

3章

「怒りのぶつけ合い」から抜け出せる

カーッとなったら、「6つのコツ」

4章

3歳からできる！ アンガーマネジメント

子どもの癇癪《かんしゃく》が、みるみる減っていく！

5章

なんでもかんでも、怒らない
子どもに響く「言い方・接し方」はコレ!

装丁 小口翔平＋嵩 あかり（tobufune）

漫画 菜ノ花子

レイアウト・図版 草田みかん

1章

「もう怒りたくない」から

子育てのイライラから抜け出そう!

1 短気な私でも、できた！

あーもう！
うるさい！
イラッ
ギャー
ビクッ
親子ともにヘトヘトの毎日……
オレのごはんはー？
はぁー
そんなときに出会ったのが
え？ 私に？
アンガーマネジメント
「アンガーマネジメント」でした
私のイライラが減ったことで
いろんなことが変わっていったんです！

こうして、イライラする毎日から抜け出せた！

「はじめに」でもお伝えしましたが、アンガーマネジメントを知った当初、私の子育ては毎日が戦争状態でヘトヘトでした。

当時、上の子が8歳、下の子が4歳、子育てまっさかりの時期——。

仕事をしながらの子育ては、時間に追われる生活です。

ちょっとでも子どもがノロノロしたり、やるべきことをしなかったりすると、イライラが止まらず、怒りつけていました。

そのうち、長男が私の顔色を伺い、やることなすこと、なんでも私に聞かなければ行動できなくなってしまったことはお話しした通りです。

一方、次男は私のイライラに反応して行動が荒れてしまいます。幼いこともあり、どうしても手のかかる次男にかかわる時間が多くなり、長男にはかまってやれません。

そのせいか、私に隠れてちょこちょこ次男に意地悪をする始末……。
この繰り返しで、子どもも私もヘトヘトになっていました。

そんな日々に終止符を打てたのは、
アンガーマネジメントを子育てに取り入れたからです。

自分の価値観を見直し、イライラしたときの対応法を知ったことで、サッと気持ちを切り替えられるようになりました。
私がイライラして大声で怒る回数がどんどん減っていくことで、長男も天真爛漫さを取り戻し、次男も癇癪を起こす頻度がグンと減り、我が家に平和が訪れたのです。
子育てがとても楽になり、私の運命が大きく変わっていきました。

アンガーマネジメントでは、怒ることを否定しません。怒ってOKなのです。
今まで怒って子育てをしていた自分を「否定されているわけではない」という安心感が、
アンガーマネジメントに取り組む際のモチベーションになりました。

Point

アンガーマネジメントは、頑張っているママの助けになる！

2 「3つのルール」を知っておこう

コレを守れば怒ってOK

私は子育てにおいて、怒ることなしに子どもを育てることなんて、ほぼできないと思っています。怒るときには怒ってOKです。物の善悪を教えることは必要だからです。

アンガーマネジメントでは、3つのルールを守りながら上手に怒ることを勧めています。

《怒るときの3つのルール》

①人を傷つけない

暴力的な行為、発言など、人の体や心を傷つけてしまうような怒り方はしない

②自分を傷つけない

自分自身を否定したり、体や心を自分で傷つけてしまうような怒りの表現をしない

③物を壊さない

物を投げたり、大きな音を出したりするような乱暴な扱い方を示威するような怒りの表現をしない

私はこのルールを知ったとき、「あー、スポーツと同じだな」と思いました。

スポーツは、どの競技にもそれぞれルールが決められていて、それを守りながらみんながスポーツマン精神に則り闘いますよね。自分の感情をコントロールし、相手を傷つけたり、物を壊したりするような行為があった場合にはイエローカードで警告され、行動がエスカレートすればレッドカードで退場させられてしまいます。

ルールを守って戦うからこそ、それが学びや成長につながるのですね。**「怒るときに、ルールを守れば怒ってもいいんだ！」と、当時の私は妙に納得したことを覚えています。**

「イライラしたら深呼吸」のモードにチェンジ！

「はじめに」でもお伝えしたように、私はしょっちゅう怒りすぎていました。

子どもを傷つけ、自分も傷つき、ドアにあたり、食器にあたり……、3つのルールを守って怒るなんて程遠い子育てをしていたのです。だからこそ、藁をつかむ思いでアンガーマネジメントにすがりました。遅々とした進みではありましたが、学んだことを一つ一つ子育てに取り入れることで、子どもを怒鳴る回数が20回から15回、10回、5回と減っていき、同時に、激高しやすい心を静める回数も増えていったのです。

正直に言うと、超短気な私にとって、アンガーマネジメントを実践するのはとても根気がいりました。

いわば、**「イライラしたら怒鳴る！」というモードから、「イライラしたら深呼吸する」というモードに転換するわけです。**とはいえ、慣れてくれば、こっちのほうが断然ラクです。

「このモードのほうが、ラクだな！」と感じられたら、しめたものです。

「イライラしたら深呼吸する」に慣れるまで、私は1〜2ヶ月かかりましたが、人によってその期間の長さはさまざまだと思います。

でも、これを過ぎれば、子どもの態度が見違えます。断然子育てしやすくなりますよ。

ぜひこの感覚を読者の皆さんに、味わってほしいです！

Point
「すぐ怒鳴る」というモードから抜け出すコツがある

3 腹が立つのは、頑張っているから

また怒っちゃった……
ハァ…
腹が立つのは頑張っているからだよ
でもね
怒りのスイッチ！
ON
OFF
心の感情タンク！
〝上手に怒る〟にはこの2つをコントロールするのがコツだよ
威嚇ポーズ!!
えっかわいい…

子育てはハプニングの連続！

「笑顔で子育てできればどんなにいいか！」

「実際は、そんなにうまくいくわけない！」

私は、いつもそう思っていました。

子育てはたいてい思い通りにいかないもの。忙しいときに限って子どもがぐずったり、ごねたりします。子どもと約束しても、それが守られることはまれですし。子育て以外にもやることがたくさんあるママにとって、ハプニングの連続はこたえますよね。


私たちママは四六時中、動き回っています。そう、「腹が立つのは、頑張っているから」です。**頑張っているからこそ、子育てにはイライラがつきものなのです。**

子どものことがかわいいから、大切だからってことの証拠ですよね。

自分に関係ないことはどうでもいいし、気にもなりません。

でも、**大切な存在だからこそ、これからは「上手に怒る方法」に変えていきましょう。**

コレで「怒りのダメージ」を減らしていける

上手に怒るために、これから2つ、大切なことをお話しします。

1つは、「怒りのスイッチ」について。2つ目は、「心の感情タンク」についてです。これらは、これからアンガーマネジメントをしていくために必ず知っておいてほしいのです。

《怒りのスイッチ》

私たちは一人一人、その人特有の「怒りのスイッチ」のようなものを持っています。そのスイッチは、人によって種類や数が違っていて、押す回数も違っています。

スイッチをたくさん持っている人、スイッチを押す回数の多い人は怒りやすい人です。

怒りのスイッチには一つ一つ名前がついていて、例えば「○○するべき」「○○に違いない」「普通○○だ」「絶対○○」「○○のはず」などの言葉で表されるイメージです。

これは、「コアビリーフ」といって、**自分の「価値観の辞書」のようなものと言えます。**

怒りのスイッチは、いつONになる？

これがママの
怒りの
スイッチだね
「5分前行動するべき」スイッチ
ON
OFF
カチッ

「〜するべき」「〜に違いない」
「普通〜だ」「絶対〜」「〜のはず！」という
価値観と合わないと、スイッチが押される

「スイッチの数」「押す回数」が多いとイライラする

だから、自分の目の前で理想とする価値観と合わないもの、もしくは希望、願望、欲求と違う出来事が起こったり、そういう人がいたりすると「ありえない！」「信じられない！」と怒りのスイッチを押してしまうのです。

とくに知っておいてほしいのが、**怒りのスイッチは「自分にとっての正解」だけど、「相手の正解とは限らない」ということです。**

子どもの行動を見たとき、家族内で違う対応をすることがありませんか？

イライラしているとき、「まあまあ、

そんなに怒らなくても……」と相手に言われるような場面です。この対応の違いには、怒りのスイッチが影響しています。

例えば、夕食前にお菓子を食べたがっている子どもを見てイライラするのは、「夕食の前におやつを食べるべきではない」という怒りのスイッチを持っている人です。

一方、「空腹なら、食べさせてあげればいい」と思っている人であれば、夕食前に「食べなさい」とおやつを差し出すでしょう。**もし、あなたが自分のことを「イライラガミガミしているな……」と感じているなら、怒りのスイッチをたくさん持っているのかもしれません。**

私もたくさんの怒りのスイッチを持っていた一人です。

肝心なのは、押す回数とタイミングです。**ちょっと見方を変えることで、押す回数を減らしたり、「そもそも押さない」という選択ができるようになります。**

《心の感情タンク》

もう1つの大切なポイントは、「心の感情タンク」の状態について知ることです。

心の感情タンクとは？

「いろいろな感情」が入っている。
「マイナスな感情」が増えすぎると、
ゆとりがなくなり、怒りっぽくなる

「怒り」をため込まないことが大切♪

この感情タンクの中には、様々な感情が入っています。このタンクの状態が、自分の言動にとても大きな影響を与えているのです。

先ほど、「腹が立つのは頑張っているからです」とお伝えしました。

この「頑張っている」の捉え方によって、心の感情タンクの中が、マイナスな気持ちでいっぱいになってしまうことがあるのです。

このように思ったことはないですか？

「子育ても家事も頑張ってる！　それに、仕事だって。これ以上、どう頑張ればいいの！」

と、不安や不満、辛さ、大変さ、しんどさ、忙しさ、疲れなどなど、マイナスな気持ちが増えすぎると、心に余裕がなくなります。すぐにイラッとしたり、いつまでもイライラがおさまらなかったりするのです。

一定量を超えると、怒りがあふれ出してしまい、たいしたことでなくても怒ったり、怒鳴ったりするようになります。

当然、ゆとりがあるときと、怒りがあふれ出したときでは、言動に違いが出てきます。

夕食前におやつを食べている子どもに、あるときは、

「ダメって言ってるでしょ！」

と怒り、別の日は「ま、いっか」と許せてしまうのがその例です。

他にも、買い物に行っておねだりされたとき、着替えの手伝いをするとき、夜寝る時間を伝えるときなど生活のあらゆる場面で心の感情タンクは、私たちの言動に影響を与えます。

普段から、マイナスの気持ち、すなわち怒りの気持ちをためこまず、適切に相手に伝える

機会をつくっていくことが大事なんです。

ママはやることが多くて、本当に大変です。自分のエネルギーを最大限に使って一生懸命子育てをしているんです。

頑張っているからイライラする。だから、自分を否定することなんてありません。

怒りのスイッチや心の感情タンクの仕組みを知り、今日から、怒ることで受けるダメージを少しでも減らしていきましょう。

大丈夫、子育てがラクになる日は必ずやってきます。

Point

「怒りのスイッチ」「心の感情タンク」について知っておこう

4 レッツ！ アンガーマネジメント

怒ると、子どもも親もダメージが大きい！

今考えると、怒っている時間って本当に無駄な時間だったな、と思うんです。

私の場合、イライラしすぎて行動が雑になり、やり直しが増えたり、子どもの機嫌が悪くなりグズグズが激しくなったりしていました。

「早く終わらせたい」「早く寝かせたい」と思っているのに、**感情のコントロールができなかったために余計時間がかかるんです。**怒るたびに疲れ切っていました。

我が家は、男の子2人なので、長男の就学前の時期までは、とにかくジッとさせるのが大変でした。

子どもが喜ぶと思って食事に行っても、「うろうろしない！」「座りなさい！」「こぼさない！」と、禁止ワード連発で怒っていました。無事に食べて自宅につく頃にはクタクタです。

私のエネルギーは全て怒りとなって消滅し、何もする気が起きないのです。精神的にも体力的にも限界ですよね。あの頃の自分が不憫でなりません。「よう頑張ってたね」と、労ってあげたい気持ちでいっぱいです。

もし、あなたが過去の私と同じような毎日を送っているなら、伝えたい！
「あなたは、本当に頑張っていますよ！」と。
でもね、このままじゃ、限界がやってきます。

今こそ、消滅したエネルギーを補充してあげるときなのかもしれません。

これからは無駄な怒りに振り回されず、エネルギーを温存しながら子育てしましょう。

怒りにがんじがらめになった悪魔的ループから脱出しましょう。自分を救ってあげられるのは、自分自身です。**レッツ、アンガーマネジメント！**

Point
アンガーマネジメントを使って、自分自身を救おう

ぶっちゃけコラム

子どもに合わせてメッセージを伝えよう

かれこれ10年以上前の話です。

長男は、４歳から空手を始めて、最終的には中学３年生まで丸10年間続けました。

初めはぽっちゃり体型の息子のダイエットに……と思って始めたのですが、同級生より体格が良かったのと身体が柔軟だったこともありどんどん試合に勝てるようになりました。

そうすると、「試合に出るなら勝て！」と、欲が出るようになったのです。

でも、試合なんて常に勝てるわけではありません。試合に負けて泣いている息子に、

「泣くくらいならやめれば？　と言うか、あんな試合して勝てるわけないでしょ！」

と、**傷口に塩を塗り込むようなことを言っていました。**

「じゃ、やめれば？」と冷たく突き放せば、

「いやだ！　いやだ！　やめたくない！」
と一生懸命訴える長男。その姿を見て、「これできっと頑張れるはず」「次は勝てるはず」と、見当違いな自己満足をしている状態でした。あー、今、その頃を思い出すと、心が苦しくなってきます。でも、そのときはそれがいいと思い込んでいたんです。

長男が小学1年生に上がると、これまで頑張らせてきたことが実り始めて、全国大会に出場できるようになりました。

でも、3位止まりで結果は伸びず。でもね、4年生の春、なんとPOINT & K.O. 全日本少年少女空手道選手権大会3年生の部で優勝することができたのです（予選大会が3年生のときに開催されたので3年生の部で出場しています）。これ、私としてはアンガーマネジメントとの出会いが大きいと思っているんです。

実は、私がアンガーマネジメントを始めたのは長男が2年生の秋頃なので、私が突き放すような怒り方をやめようと心に決め、トレーニングを始めた頃と時期的に一致するのです。

その頃から、負けた結果を責めるのではなく、彼の悔しい気持ちを受け入れられるようになり、「頑張ったね」「次に頑張ろう！」と、素直に言えるようになりました。

その結果、長男の心も安定したのではないかと思うのです。

冷たく突き放してしまいがちなママにオススメしたいのは、ポジティブワードをつぶやく方法です。「無理」「バカ」「やめろ」「勝手にしろ」は、ネガティブな言葉ですね。これらの代わりにポジティブワードを使いましょう。

とはいえ、何の準備もなしに急に変えようとしても思い浮かばないでしょう？

そこで、事前にポジティブワードを考えておくのです。一例を挙げます。

《声かけ例》

「無理」→「ＯＫ」「了解」「なるほどね」

「バカ」→「大丈夫？　平気？」

「やめれば！」→「次、頑張ろう！　次は、うまくいく！」

「勝手にすれば！」↓「何かいいアイデアがあるかな？」「他に方法があるかな？」

「どんな工夫ができるかな？」

「面倒くさい」↓「ちょっと時間をちょうだい」「ちょっと気持ちを切り替えてくるね」

という感じです。もちろん、正解はないので、自分に合う言葉を探すことで使いやすくなると思います。


長男は、私のバラエティーに富んだ無茶な怒り方の被害者です。

でも、私が「母ちゃんは、アンガーマネジメントができるようになる！」宣言をしてから、一番の応援者でもありました。

ときに怒りすぎたり、イライラしたりすると
「母ちゃん、アンガーマネジメントするんじゃなかったん？」

と、言われることもありました。こうして、上の子と二人三脚で、怒り方のトレーニングを積んでいったのです。

2
章

毎日のイライラを整理し、捨てていく

「怒ること」が減っていき、ラクになるコツ!

1 朝からイライラしたくない

ちょっと！
時間過ぎてるじゃない
えっでもまだ
5分あるよ？
イラッ
ふつう
5分前に出るでしょ！
グズグズしないの！
これがママの
"怒りの
スイッチ"
だね
「5分前行動
するべき」
スイッチ
ON
OFF
カチッ
他にはどんな
スイッチがあるのか
考えてみよう
えーと
まず
「早起き
するべき」
「起きたら
うがいをするべき」…

怒りの感情は幅広い

ここでは、前章でお話しした「怒りのスイッチ」（30ページ参照）についてお話しします。

「怒り」というと大声で怒るような強い怒り、あきれて相手にするのも面倒になるような冷めた怒りなど、相手を威圧したり、冷酷な恐怖を与えたりする「強めの怒り」をイメージするかもしれません。

でも、強いものばかりではありません。日々の生活で、感情をほんのちょっと波立たせるような弱く小さな怒りもあるのではないでしょうか。

例えば、軽くイラッとしたり、継続的になんとなくイライラしたり、ムッとする、イヤだなという感じです。**このように怒りはとても幅の広い感情だといえます。**

幅広い感情だから、強弱様々に怒ってしまうのは仕方がないことかもしれません。

でも、「仕方がないよね」と諦めてしまうと、朝、子どもを笑顔で送り出すことすらできない毎日になるんです。現に私がそうでした。

笑顔で「行ってらっしゃい」という、その一言を子どもに言えず、お互い不機嫌なまま一日が始まってしまうのです。

「早く起きなさい！」「早く食べなさい！」「早く着替えなさい！」「早く歯磨きしなさい！」「早く学校行きなさい！」「行ってきますは？　ちゃんと言いなさい！」「どうしてできないの！」「何回言ったらわかるの！」って、朝っぱらから小言の嵐は子どもにとっては地獄ですよね。

でもね、私、一度言い出すと止められなかったんですよ。今考えれば、何をそんなに急いでいたのか……。

口癖のように「早く」「早く」と、言っていました。

朝から怒りっ放しだったワケ

当時、私の中には、小さな怒りのスイッチがたくさんあったと思います。例えば、

「起こされたらすぐに起きるべき」

「ご飯は温かいうちに食べるべき」

「遊ばず着替えに集中して終わらせるべき」

「食後すぐに歯磨きをするべき」

「集合時間の5分前には家を出るべき」

「行ってきますの挨拶をするべき」


など。これらは、子どもが朝起きてから学校に出かける1時間の間に、私が押し続けていた怒りのスイッチです。この状態って、本当に苦しいし、しんどいです。


もし、過去に戻れるなら、その頃の自分に伝えたい！

「大丈夫？　辛いんじゃない？　少し、自分を楽にしてあげようよ」って。

小言を言いながら、しんどかったのは母親である私だったんだろうな、と。そう思えてなりません。


怒るってね、自分の身をすり減らす行為だと思うのです。怒ると体力も気力も消耗するからです。しかも朝から、この状態だと一日元気に、笑顔で過ごすことは難しいでしょう？

だからこそ、私はアンガーマネジメントをしなきゃならなかったんです。

そして、**「朝、子どもを笑顔で送り出すために何をすればいいのか?」をゴールに決めて、私が取り組んだことは、怒りのスイッチを整理すること。**

押す必要のない怒りのスイッチを手放すために、とにかく自分が持っているであろう怒りのスイッチを全て書き上げていくことでした。

シーンを決めて、怒る理由を書き出した

ちなみに、私はとにかく、しょっちゅう怒っていたので、いきなり子育て全般についての怒りのスイッチを書き出すことはできませんでした。数が多すぎて、気が遠くなりそう……余裕で100個、200個書き上げられそうな勢いでしたから。

だから、**シーンを決めて少しずつ取り組むことにしたのです。**アンガーマネジメントでは、スモールステップの考え方を大切にしています。大きな一歩でなくてもいいので、小さな一歩を積み重ねて理想のゴールに近づくイメージです。

まずは、**「朝起きてから子どもを送り出すまでの時間」と決めて、怒りのスイッチの書き**

出しをしました。

そのスイッチには、1つ1つ名前がついていて、例えば「起こされたらすぐに起きるべきスイッチ」とか「ご飯は温かいうちに食べるべきスイッチ」という感じ。

しかも、朝ご飯に関してのスイッチは一つだけではなく「ご飯は遊ばずに食べるべき」「茶碗に手を添えて食べるべき」「箸は正しく持つべき」「出されたものは残さず食べるべき」などなど……。

そりゃあ、ビックリするほど細かいことを取り決めたスイッチまで持っていることに気づいたんです。**それは食事に限らず、着替え、排泄、歯磨き、挨拶など子どもの行動の1つ1つに3〜4個**

できるだけ「怒りのスイッチ」をOFFにしていこう

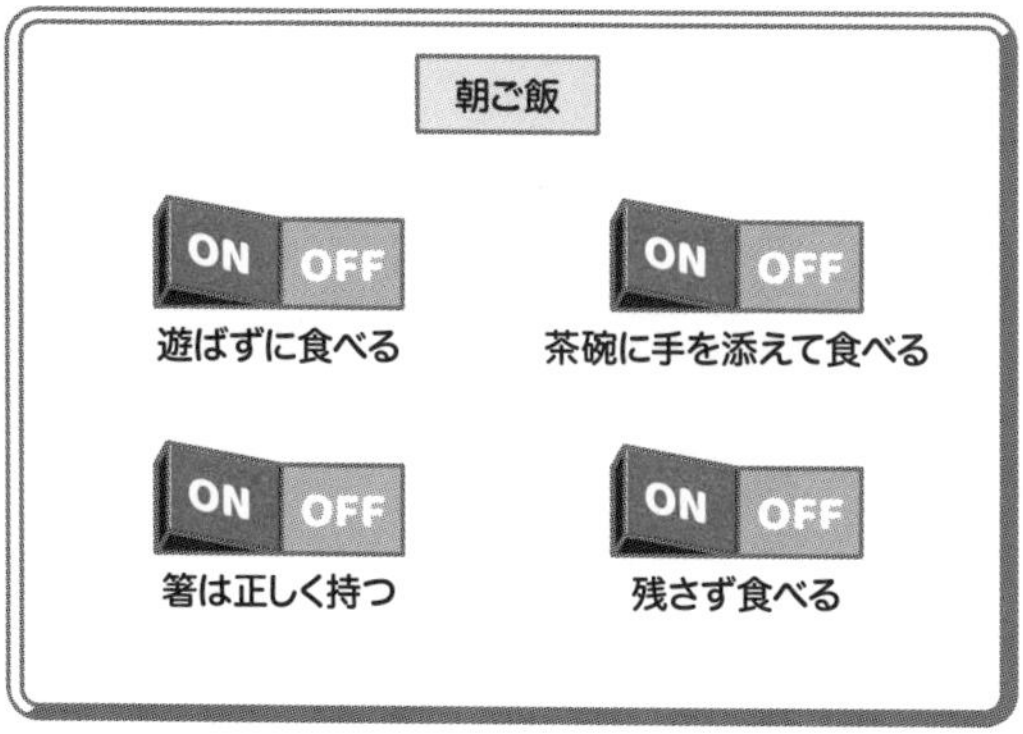
朝ご飯
ON OFF
遊ばずに食べる
ON OFF
茶碗に手を添えて食べる
ON OFF
箸は正しく持つ
ON OFF
残さず食べる

の怒りのスイッチを設置していました。朝のたった1時間で、私がモグラたたきのようにスイッチをバンバン押しまくっていたわけです。

「なるほどね〜、だからこんなにイライラしていたんだな」と、妙に納得したことを覚えています。

「可愛い付せん」を用意する

……もし、あなたも私と同じようにイライラすることが多いなら、小さな怒りのスイッチをたくさん持っているのかもしれません。

そのスイッチにはどんな名前がついていますか？

たくさんありすぎて、どこから書き出せばいいかわからなければ、まずは、生活のワンシーンを決めて考えてみると取り組みやすいですよ。

シーンを決めたら、次に怒りのスイッチを「書き出す作業」をしていきます。

このとき準備してほしいのが、「可愛い付せん」です。１００均でもなんでもＯＫです。モチベーションが上がる付せんを見つけてください。

その付せんに、自分が決めたワンシーンで思いつく限りの怒りのスイッチを具体的に書いてみましょう。「～べきスイッチ」「～べきではないスイッチ」の1つ1つを、付せん1枚1枚使って書いていきます。面白いくらいたくさん書けると思います。

正直に、思い浮かんだものを全て書いてくださいね。

全部書き終わったら、じっくり眺めてみましょう。そうすると、「あ～、つまらないことで怒ってたな～」「これって、怒るほどのことじゃないな～」なんて気づきが得られるはずです。

一方で、「これは絶対譲れないな」「これは、怒って当然のこと！」と思うスイッチもあるはずです。**この見極めが非常に大事なのです。**なぜなら、怒るほどのことじゃないスイッチが書いてある付せんと、これは大事と思うスイッチが書いてある付せんを仕分ける作業になるからです。

「怒ることじゃない」と気づける！

アンガーマネジメントでは怒りのスイッチを押すか押さないかをコントロールすることが重要だと考えます。だとすれば、子どもの行動を見たとき、「これは、自分にとって怒るほどのことじゃない」と認識していれば、スイッチを連打する必要がなくなります。そうなれば、自然に押す回数が減ってくるので怒ることがなくなります。

こうして、「怒る必要がないこと」を識別できるようになれば、そのシーンで気分が最悪で、不機嫌マックスな顔をして子どもに向き合わなくてもいいので、自分も子どもも楽になるのです。仮に10個怒っていたことが7個に減れば、気分が相当軽くなります。これ、私の実感です。

Point
可愛い付せんに、イライラすることを書き出し仕分けよう

2

このステップで、「怒ること」がみるみる減っていく！

今心にたまってるネガティブな感情ってどんなの？
うーん…
不安とか…辛いって気持ち
あと疲れたなあって
疲れてるのはなんで？
今仕事が忙しくて…体も痛いからしんどいんだよね
解消できる方法を探してみよう！
ストレッチを取り入れるとか
マッサージに行くとか

「あること」で怒りにくくなる！

怒りのスイッチを書き出し、《怒っていいこと》《怒らなくてもいいこと》を仕分ければ、理論上は怒りのスイッチを減らした状態になります。

「でも、机上の空論でしょ」

という声が、今にも聞こえそうです。

確かに、それ、正しいかもしれません。

強固な意志で取り組めば、怒る回数は減るかもしれません。でも、日々の子育てに追われ、イライラする場面に出くわしやすいママにとって、これは至難の業です。

そこで提案したいのが、心の感情バランスを整えることです。

心の感情バランスを整えよう

怒らなくてもいいことで、イライラしないようにするには、心の感情バランスを整える必要があります。

例えば、心の中がポジティブ感情より、ネガティブ感情が多ければ、多いほどアンガーマネジメントの実践は困難になってしまいます。

どんな気持ちがいっぱいある？

イメージしてください。自分の心の中を……。辛い、しんどい、悲しい、忙しい、大変、不安、困ったなど……。

こんな感情がギューギュー詰めになっていると、気持ちにゆとりなんて持てませんよね。

もし、こんな心の状態だとしたら……今すぐ手を打ちましょう。

ぜひ、自分のために、心の感情バランスを整えてください。

これから具体的なやり方についてご紹介していきます。ステップは2つです。では、見ていきましょう。

Step①「気持ち」を付せんに書き出そう

先ほど使った付せんを用意しましょう。そして、**自分の胸に手を当てて、今、心にたまっているネガティブな感情に気持ちを集中してください。**

今の私だと、「あ～、疲れているな」とか「子どものことで心配なことがあるんだよね」とか、「寝不足で辛いな～」「肩が凝って痛いわ……」などです。

そしてその気持ちを、両手で優しく包み込むイメージで、**付せんに1つずつ書き出してみましょう。**それができたら、次に新しい付せんを使って、今書き出した感情に至る理由を思いつく限り1枚1枚に書いていきます。

・「疲れ」→①子どもの送迎が忙しいから　②家事に追われてすることが多いから

理由を書き出そう

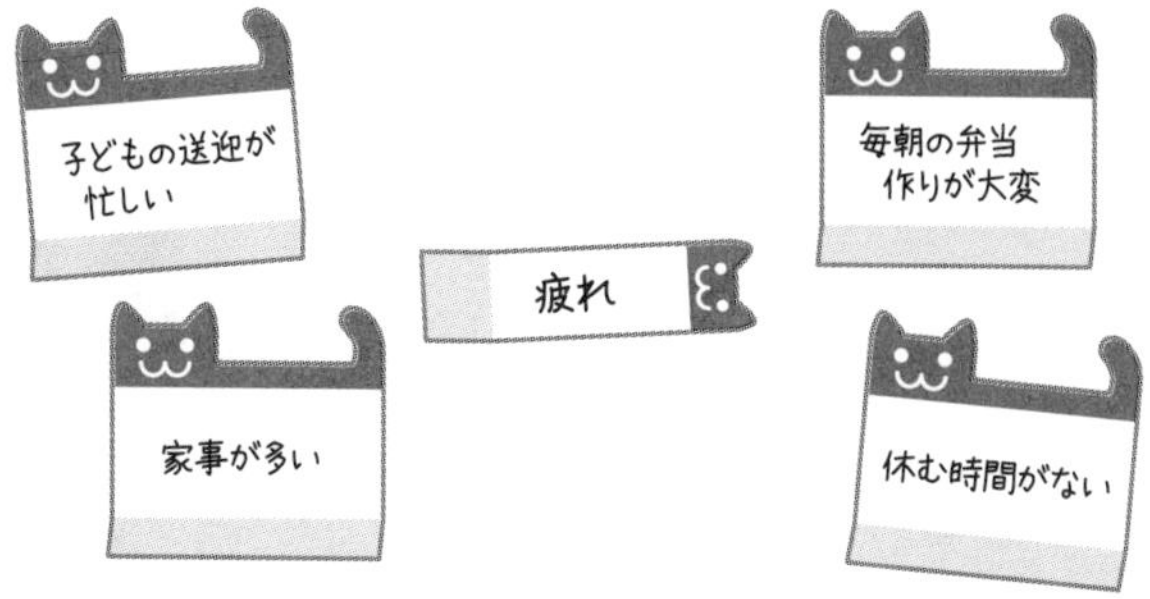
子どもの送迎が忙しい
毎朝の弁当作りが大変
疲れ
家事が多い
休む時間がない

理由がわかれば、改善策が見えてくる！

③毎朝の弁当作りが大変だから

・「心配」→①長男の受験について
②塾代の捻出について

・「辛い」→①執筆に追われて寝不足だから
②弁当作りで早起きしているから
③寝る前にスマホを触るから

・「痛い」→①執筆で肩が凝っているから
②こまめにストレッチをしていないから
③メンテナンス不足だから

私の場合は、こんな理由が考えられました。理由がわかると、その感情にも納得がいくはずです。これで感情とその理由が整理できました。

Step②

「改善できそうなもの」を探す

次の作業は、感情や理由の中から自分が行動したら改善できそうなものを探します。例えば、私の場合「痛いという感情なら改善できそうだな」と思うので、その方法を考えてみることにします。

①執筆で肩が凝っているから
「定期的に立ち上がる、肩を回す、首を回す、ツボ押しするなどしてみよう」

②こまめにストレッチをしていないから
「1時間毎にストレッチをしよう！　でも、集中すると時間を忘れそうだから、タイマーを

かけるようにしよう」

③メンテナンス不足だから

「1ヶ月に1回は、リンパマッサージに行くようにしよう！　家族にも、肩や腰が痛いことを伝えて早めにメンテナンスがしたいことを話してみよう」

さらに、「痛みをとるために2日間は続けるようにしよう」など、**できるだけ具体的に考えていくのが成功の近道です。**

もちろん、どう頑張っても変えられないことや解決できない感情もあるでしょう。ネガティブな感情をすべて排除する必要はありません。その感情も自分にとって大切な感情です。

でも、イライラしがちだな、と感じたときには心が悲鳴を上げている合図です。

自分のキャパを超えているのなら、**少しでもネガティブな感情が解消できる良い方法を探してみる、または、ポジティブな感情が生まれる環境に身を置いてみる、などしてみること**

をオススメします。

感情バランスを「ネガティブ」が多い状態から「ポジティブ」が多い状態に変えることができれば、整理した怒りのスイッチの中で、怒る必要のあることだけに上手に怒れるようになっていきます。

それを変えられるのは自分だけです。つまり、自分を救ってあげられるのは自分だけっていうことを覚えておいてくださいね。

Point

付せんに書き出したら、改善する方法を考えてみよう

3 こうすれば、子どもが落ち着く！

ガシャン
なんでいつもおもちゃ投げるの！もう買ってあげないよ！
弟くんの怒りのスイッチが発動してるね
どういう気持ちだったんだろう？
できない
くやしい
なんでわかってくれないの？
どうしたの？何か困ってる？
あぶないから投げないでね
親の働きかけ次第で子どもは変わる！

関わり方次第で、子どもがイライラしなくなる

次に、子どもの怒りのスイッチについて一緒に考えていきましょう。

「怒る、怒らない」については大人も子どもも同じ仕組みで、怒りのスイッチを「押すか、押さないか」によって変わります。子どもが思春期に突入する前に、それらを調整しておけば、その後の子育ては断然楽になるはずです。

私が自分の子育てを振り返って思うことは、子どもの怒りのスイッチは、親の対応によって増減するんだな、ということです。

子どもが落ち込んでいるとき、困っているとき、辛いとき、悔しいとき、その気持ちに向き合ってあげられないと、子どもはスイッチを押して怒っていることを表現します。

「慰めてほしいのに」「相談にのってほしいのに」「頑張ったねって言ってほしいのに」「なんで気持ちをわかってくれないの！」って怒っているんだと思うのです。

子どもの怒りの表現方法は様々で、暴れる、暴言を吐く、弟妹いじめをする、隠れて悪さをする、黙る、泣くなど家庭内での行動が荒れる場合もあれば、家庭外で同じような問題行動を、他人に対して起こしている場合もあるでしょう。

とにかく、家庭内外で怒りのスイッチを押す回数が増えれば増えるほど、様々な形で子どものイライラ表現行動は激化していくということです。

こんな一言で、子どもは安定する

では、結局、**子どもの怒りのスイッチがONになるのはいつなのか？**

その答えは、ズバリ！　**子どもが「受け入れてもらっていない」「大切にしてもらっていない」と感じたときです。**一方で、失敗したり、間違ったりした自分を丸ごと受け止めてもらえている感覚は子どもの安心感につながります。

我が家の長男は、この安心安全な環境に身を置くことができなかったので、常に私の動向に気をつかいビクビクしながら生きていたんだと思います。

長男の場合は、行動が荒れるというより、エネルギーが強すぎる私に反発するのではなく、自分の身を守る方を無意識に選択した行動になっていたのかもしれません。

親からすれば、「受け入れているし、大事に思っている。そんなこともわからないの？」と言いたくなるところですが、それは言葉にして、ことあるごとに伝えなければ伝わらないのです。


悔しがって泣いている子どもに「いつまでも泣かんの！　しつこい！」という言葉をかけたとしたら？　「困ったな」と思って悩んでいる子どもに「そんなこともわからんの？」という言葉をかけたとしたら？

心の中でどんなに子どもを大切に思っていたとしても伝わるのは、その心無い一言だけなのです。だとしたら、子どもが「自分が受け入れてもらってない」「大切にしてもらってない」と感じてしまうのも仕方のないことだと思います。

つまり、子どもの怒りのスイッチを調整するためには、子どもにかける言葉を慎重に選ぶことです。まずは、

「落ち込んでるんだね。大丈夫？」

「何か困ったことがあるのかな？　ママが手伝えることある？」

「辛かったね。ママはあなたの味方だよ」

「悔しかったね。でも、最後まで本当によく頑張ったよ。ママ、嬉しかったよ」

と、気持ちをそのまま受け止めてみましょう。これなら、子どもは怒りのスイッチを押す必要はなくなります。

子どもにかける最初の一言次第で、子どもの言動は安定するようになります。すぐに改善しなくても、続けていれば必ず効果が表れます。心折れずに続けてみてくださいね。

Point

気持ちを受け止めてあげる一言を！

4 「忙しいから、あとでね」が、口癖になっていたら要注意

ママ！あのね！
忙しいからあとでね
……
気持ちと時間に余裕がなくて……
1日5分！ちゃんと向きあってあげて！
あのねっ
あのね
それだけで子も親もきっと変わるよ！

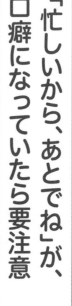

「忙しいからあとでね」が口癖になっていた

私の場合、2人目の育児が修羅場でした。次男がグズグズ言い始めると、長男までグズグズ言いだす始末。だから、ギャーギャー泣いている次男をおんぶしてご飯作って、長男に食べさせてを繰り返す日々……。

私には、「保育士だから！」というプライドがあって、「ちゃんと子育てしなくっちゃ！」「ちゃんとした母親を演じなきゃ」という思い込みが強くて、外ではいい恰好ばかりしていました。今思えば、そんなに頑張らなくてもいいのに……、と本当に言いたい。

仕事に復帰してからは、さらに忙しくなり、園では子どもに丁寧に向き合っているのに家庭では、わが子に向き合う時間が取れずバタバタと生活する日々が続きました。長男4歳児クラス、次男0歳児クラス。はたから見れば、「いいお母さん」と言われることが多かったのですが、家に帰ると怒ってばかりの母でした。

当時は怒っている感覚ではなかったのですが、「～しなさい」「～できてないよ」「～わかったの？」と、命令口調で長男に自分の理想の状態を押し付けていたのだから、子ども側からすればいい迷惑ですよね。可哀そうに……。

逆に子どもが「かあちゃん、あのな～」と話しかけてくれても「今忙しいからあとでね～」と、ご飯を作りながら、洗濯をたたみながら、ときに携帯をいじりながら、**なんとなく話を聞く程度で、向き合って話を聞くことに時間を使ってあげることができていませんでした。**

「かあちゃん、あのな～」を聞いてあげる

でもね、アンガーマネジメントを学んで自分の感情や行動がコントロールできるようになると、時間にゆとりができるようになったんです。「忙しい忙しい！」と言いながらイライラしている時間を減らしたら、今まで怒ることに費やしていた時間が減っていき、時間とエネルギーの節約ができるようになりました。

「かあちゃん、あのな～」の長男の言葉に、「うん。どうしたん？」と座って向き合い、話が聞けるようになったんです。もちろん、仕事から帰ってからの家事の量は変わりませんか

ら忙しいことには変わりはありません。

でも、**1日、たった5分でいいから子どもの「かあちゃん、あのな〜」に付き合えるようになったことは、私にとって大きな前進になりました。**「あのな〜あのな〜」と話す嬉しそうな長男の顔は、今でも心に残っています。

たかが5分ですが、5分間ずっと話し続けたら結構な量の話が聞けるんですよ。子どもは、ちゃんと話を聞いてくれているという安心感と満足感をたっぷり味わうことができたら、自然に別の遊びに移行していきます。

もし、いつまでも話が終わらなかったら、5分を過ぎたきりの良いタイミングで、

「そろそろお風呂の支度をしたいんだけど、行ってもいいかな?」

と切り出してみたり、

「一緒にお風呂の用意を手伝ってくれるかな?」

と誘ってみたりするのもいいでしょう。

長男は、お手伝いをよくしてくれる子だったのでお風呂の用意を一緒にしたり、ご飯作りを手伝ってもらったり、洗濯物を一緒にたたんだりと、遊び感覚で家事をしていました。子どものすることですから、後から少々手直しも必要でしたが。

それでも、親子で楽しみながら家事をするほうが、イライラを募らせながら一人で家事をするよりよっぽど楽しい時間になったのです。

もし、子どもが「かまってほしい欲求が強いな」「行動が荒れているな」と感じたら1日5分、子どもと向き合い、話をじっくり聞く時間をとってみてください。

初めは話を聞くのは難しいと感じるかもしれません。そんなときは、膝に子どもを座らせて絵本を読んだり、お絵描きをしたりするのもオススメです。きっと子どもは変わります。子どもが変われば、お母さんの気持ちもラクになりますよ。

Point

毎日の5分が、
子どもの満足感と安心につながる♪

5 コレで、子どもが約束を守るようになる

今日はおかしは買わないよ！
いいね？
わかった??
おかしーほしいー
約束したでしょ！
約束するときはポイントがあるよ
①伝わらなければ意味がない
②子どもができそうなレベルに合わせる
③子どもが納得する内容にする
ママ　これから守ってほしいことをお話しするよ
うん
伝え方も大事！

「いい？　わかった？」と押しつけていた

子どもと約束をすることは、子育てをしているとよくあることだと思います。そのとき、約束のしかたを意識したことはありますか？

以前の私は、

「いい？　わかった？　約束よ！」

と半ば強制的な約束をさせることがありまして……。

もちろん、当時の私は強制しているとは思っておらず、合意のもとの約束だと思い込んでいました。例えば、

「今日はお菓子を買いません！　いい？　わかった？　約束よ！」

「1時にはお昼寝するよ！　いい？　わかった？　約束よ！」

という具合に。

でも「いい？　わかった？」と尋ねているにもかかわらず、子どもの返事を待たずして話

を完結させていることが多くて……。

私としては約束をしたつもりになっているのですが、子どもは全然納得しておらず、合意どころか、「約束って何？」って感じですよ。

お菓子を買わないと約束しているのに、

「グミが欲しい～！」

と、お店でゴネたりするので私としては、

「約束したでしょ!!」

とイラっとなります。次男のほうは、

「母ちゃんが勝手に約束しただけで俺は約束してない！」

と言い張るため、「約束した」「約束してない」……と、もう堂々巡りです。

結局、ギャーギャー泣かして買わずに帰るか、ギャン泣きに負けてお菓子を買うかです。その時々で私の意地を通すか、次男の意地を通すか、約束の仕方も基準もあいまいな状態でした。

約束の仕方にはコツがある

アンガーマネジメントを学んで気づいたことは、「怒る」ことも「約束をする」ことも大切なポイントが同じだということです。**そのポイントは3つ。**

①伝わらなければ意味がない
②子どもができそうなレベルに合わせる
③子どもが納得する内容にする

どんなに正しいことを言っていても、どんなに大事なことを言っていても、**親が何かをしながら話すような「しながら伝え」では、その重要度は低下します。**

ご飯を作りながら、洗濯物をたたみながら、出かける用意をしながら、運転をしながら……など、子どもの顔に自分の顔を向けない状態で話していると子どもが聞いているかどうかの確認ができません。ニンジンを切りながら話をしたら、子どもが「?」な表情をしていても気づくことができません。

でも、親としては「聞いているはず」「理解しているはず」と信じて勝手な約束をしてしまうのです。次男の「お菓子買ってゴネまくりエピソード」では、車を運転しながらの約束がほとんどだったので、彼には、私の言葉が「約束」として届いていなかったということです。

「顔」を見て伝える

約束を守らせたいなら、「しながら伝え」をやめて、一度手を止め、子どもの顔を見て伝えることが大事です。「ママは、あなたに話をしている

「約束する」ときのコツ

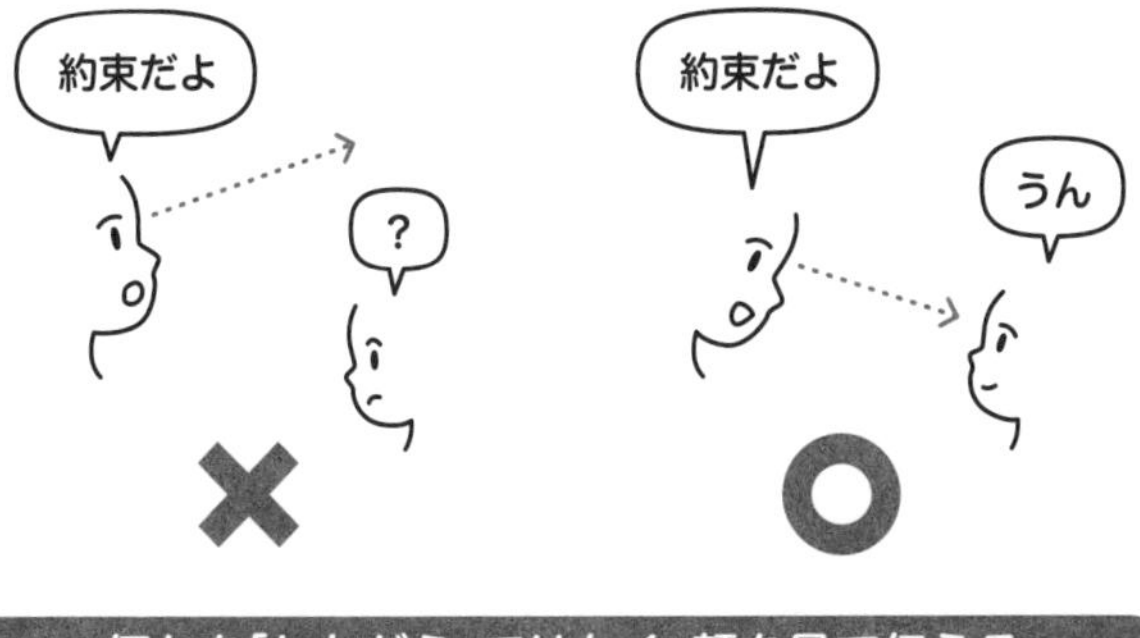

何かを「しながら」ではなく、顔を見て伝える

んだよ」「これから守ってほしい約束をお話しするよ」と、子どもがママの話を聞く態勢を作れるようにすれば、伝わる確率は高くなります。

スタンプカードで、やる気になる！

なお、子どもが話を聞いているにもかかわらず約束を守ることができない場合もあるでしょう。特に子どもが小さい場合、子どもと向き合って話をしても発達のレベルや理解のレベルが、自分が求めている約束のレベルに達していないこともあります。

子どもに約束を守らせたいなら、ちょっと頑張ればできそうなことを見極めて内容を決めることがオススメです。

当時の私は試すことはできませんでしたが、もし、今、当時の次男にレベルを落として約束を伝えるとしたら、楽しみをプラスしながら「約束を守れる方法」を考えるのがいいと思うのです。

例えば、「スタンプカード」を用意して車に常備し、2回約束を守れたら3回目にお菓子

スタンプカードで、「約束を守る楽しみ」を！

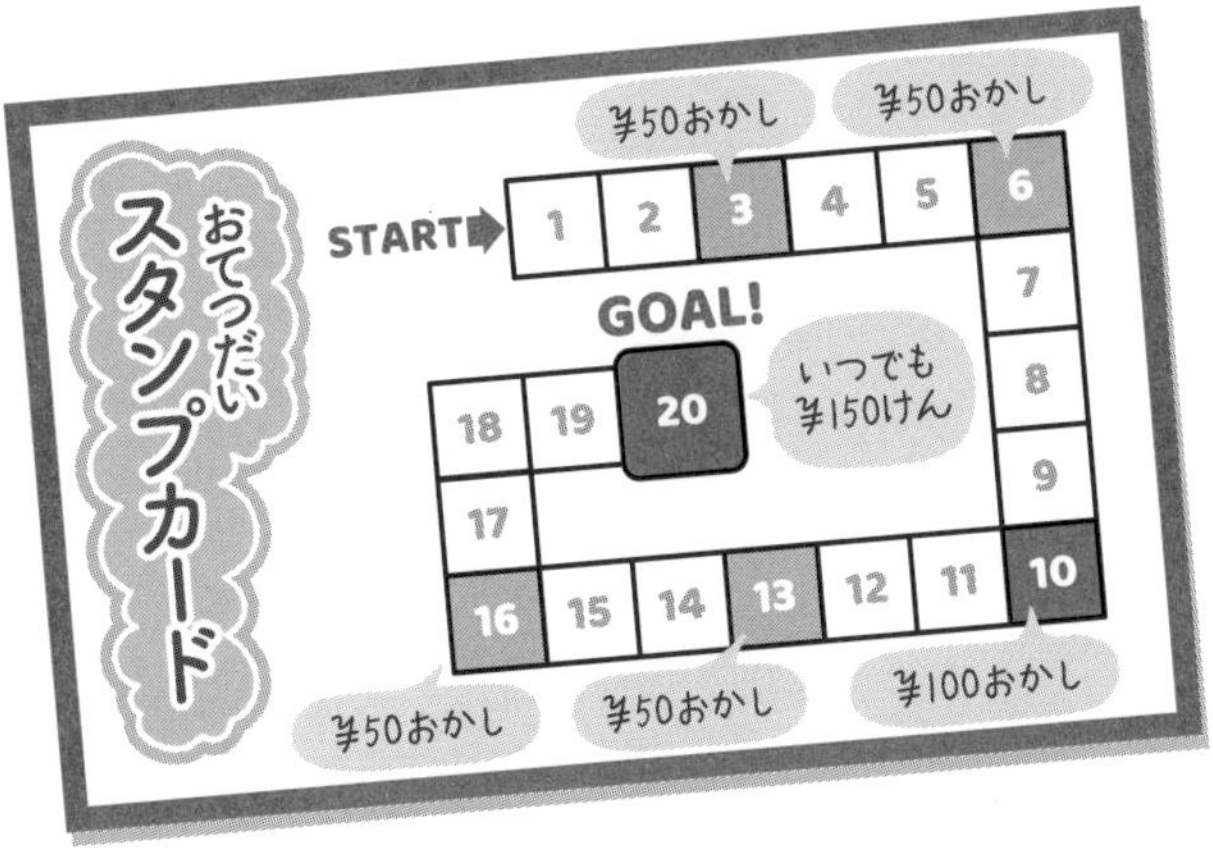

約束を守ると得をする
システムを考える

スタンプカードを作ってあげる

楽しくお手伝いしながら学べる

お手伝いしながら約束を守る学習もできる！

を買ってもらえる券が発行されるようにするとか、もう少し手の込んだことができるのであれば、スタンプカードそのものに、課題を書いておくのもいいでしょう。

たとえば、1回目（トマト）、2回目（牛乳）、3回目（50円までのお菓子）、4回目（卵）、5回目（食パン）、6回目（100円までのお菓子）、という具合に。

店の商品をかごに運ぶ課題をクリアすれば、3回目、6回目に**ご褒美のお菓子を買ってもらえるというように、お手伝いを楽しみながら買い物に行けるようにするのもいいかな、と思います。**

カードがいっぱいになったら、150円券として使えるようにして、都度使ってもいいですし、2枚ためて300円券にしてもいいかもしれません。

チケットをなくすと使えなくなるので、その管理方法についても一緒に考えておくといいですね。工夫すれば、「できたね」を積み重ねながら約束を守ることを経験させてあげられます。

もちろん、年齢が上がり、できることや理解度が上がれば子どもに合わせて方法は変えていかなければなりませんが、**まずは、「ちょっと頑張ればできそうなこと」を考えてあげることは大切だと思います。**

納得感を引き出す言い方とは？

少し年齢が上がってくると重要になってくるのが、「納得しているか」というポイントです。

大人も同じだと思いますが、納得していないことを強要されることほど苦痛なことはありません。

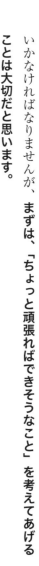

「いい？　わかった？　約束よ！」と言われ、「わかった」と子どもが言ったとしても、心の中で納得していなければ約束の意味はありません。しつこく言われるのが面倒だから、怒られるのが怖いから、どうでもいいと無関心だから「わかった」と言っているのかもしれません。

親には親の「約束を守らせたい、納得させたい」理由があるのと同じように、子どもには「納得できない」理由があるはずです。だからこそ、子どもが納得できるように提案することも必要なのです。その提案法として「なぜこの約束を守ってほしいのか」「どういう気持ちで伝えているのか」、この2つを伝えてみるのがオススメです。

「お買い物ができるお金は○○円って決めているから、いつもお菓子を買ってあげることはできないよ。でも、スタンプカードを使ってお手伝いができれば、お菓子を買ってあげることができるからね。お手伝いをしてくれるとママは助かるし、あなたが約束を守ってくれればママはすごく嬉しいよ」

と伝えてみるのはどうでしょう? そして、

「ママは、この方法がいいかなと思うんだけど、あなたはどう思う? できそうかな?」

と、最後に確認してあげます。

これに対して、「できる!」と言えば、「良かった。一緒にやってみようね」と伝えればいいし、「できない!」と言えば、そこで別の方法を一緒に考えるようにします。何だったらできるのか、どういう方法ならできるのか、お互いに「これならできるかも」の落としどころを探しましょう。

子どもの年齢が上がると、あれこれ理屈をつけて欲求を伝えてくることもあるかもしれません。

そんなときも、はじめから「そんなの無理よ。ダメ！」と否定するのではなく、**「あなたはそうしたいのね。ママと少し違うから、お互いに少し譲り合っていい方法を考えよう！」**と、ときには時間をかけて話すことも必要な場合があります。

それを面倒だと感じるかもしれませんが、この丁寧な対応がのちのちの親子関係を良好に保ってくれる大切な過程になると信じてチャレンジしてみてくださいね。

Point

子どもが納得する言い方・接し方のコツがある！

6 「どんな気持ちなの？」は魔法の言葉

子どもが落ちつく魔法の質問って知ってる？
魔法の質問？
どうしてすねるの？
どうしてそんなこと言うの？
こんなふうに行動について聞くんじゃなくて…
今なんだか怒ってるけどどんな気持ちなの？
……？
気持ちを聴いてあげる
一緒にゲームしたかったのかな？
仲間に入れてもらえなくてさみしかったのかな？
気持ちを想像して言葉にしてあげるんだ

気持ちを聴いてあげよう

子どもが落ち着く魔法の質問、それは、子どもの気持ちを聴いてあげる質問です。

「どうしてすねるの？」「どうしてそんなこと言うの？」

と、行動について話を聞こうとするのではなく、気持ちを聴くための質問です。

「今、なんだか怒っているけど、どんな気持ちで怒っているのかな？」

「お兄ちゃんにバカって言いたくなったのは、どんな気持ちがあったからかな？」

というイメージです。

自分の気持ちについての質問をされたことのない子どもは「？」と、答えに困ってしまうでしょう。だから、親側で気持ちを想像して言葉にしてあげることも必要です。例えば、

「一緒にゲームがしたかったのに、お兄ちゃんたちに仲間に入れてもらえなかったから寂しかったのかな？　寂しいし、残念な気持ちがあったから、すねてしまったのかな？」

「本当はお兄ちゃんが大好きなのに、お友達と仲良く遊んでいるのを見て悲しかったのか

な？　取られちゃって悔しい気持ちになったから意地悪したくなっちゃったのかな？」

という感じです。このようにママに「気持ちを整理した言葉」で質問をしてもらうことで、子どもは行動のキッカケとなった気持ちに気づくことができます。

「なるほど、そうか！　こんな気持ちがあったから、怒ったんだ」と、わかるのです。

さらに、自分の気持ちを理解してくれているママに対して、信頼感と安心感を抱くようになります。自分の行動を否定的に捉えるのではなく、その行動に隠れた気持ちを拾い上げてくれるママの存在が子どもの安心基地になるからです。

安心基地で充電できれば、次の行動は変えられるかもしれません。

「自分の気持ちをお兄ちゃんに言ってみよう。すねただけじゃ伝わらないけど、気持ちを伝えてどうしたいか話したら、もしかしたら一緒に遊んでくれるかもしれないよ」

と、仲直りのサポートをしてあげられるといいですね。

なお、子どもが成長してくると、親が「〇〇な気持ちかな？」と問いかけたとき、「違うよ、自分は○○な気持ちだ」と伝えられる日が来ます。そのときは、**「気持ちを聴かせてくれてありがとう。これからもあなたの気持ちをいっぱい聴かせてね」**と伝えてあげてくださいね。

自分の気持ちを否定されないことがわかれば、子どもは素直に話してくれることでしょう。

次男は、こうして変わっていった

我が家は、割と人が集まる家でした。長男が空手をしていたため、家族ぐるみで付き合っている空手仲間がたくさんいたからです。休みの日にはうちに集合して、親はおしゃべり、子どもは遊ぶなんてことはしょっちゅうでした。集まった子どもたちの中で一番小さかったのが次男です。だから、遊ぶときに仲間に入りきれないこともあったんですよね。

そんなとき、一人ブツブツ怒り始め、ふてくされてドスドスと部屋を出ていき、自室のベッドにもぐりこみ、みんなの空気を悪くするという行動が見られました。

アンガーマネジメントに出会う前は、「いい加減にしなさいよ！　なんでそんな感じ悪いことするん！」と連れ戻していたのですが……。私は変わりました。

ベッドで泣いている次男の気持ちを受け入れる努力をしたんです。「魔法の質問」を繰り

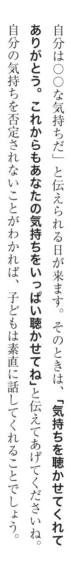

返し、次男の気持ちをとにかく聴く。ネガティブな気持ちを全部吐き出したところで、**「落ち着いて、戻ってこられそうになったら戻っておいでね。待っとるよ」**

そう言って、帰ってくるのを待つようにしました。

しばらくすると、スーッと帰ってきて、みんなの中にちょこんと座ると、子どもたちも次男を自然に受け入れて過ごしてくれます。そんなかかわりを続けていると、少しずつ帰って来られる時間が短くなりました。

あるとき、「母ちゃんに話聞いてもらわんでも大丈夫じゃから、少し落ち着いたら戻るけん」と言うようになり、その場を離れなくても気持ちを調整できるようになっていきました。

この状態になるまでに2年程度はかかったと思います。**次男は感情をコントロールする力を周りの人に助けられながら、少しずつ身につけていくことができたのです。**

Point

気持ちを聴いてあげると、子どもが「自分の気持ち」に気づける

3章

「怒りのぶつけ合い」から抜け出せる

カーッとなったら、「6つのコツ」

1 イラッとしたら「呼吸法」と「胸トントン」

RECOMMEND!
イライラが止まらないときにオススメ!!
「呼吸リラクゼーション」
①鼻から息を吸ってほんの少し息を止める
②口から息を吐き切る
「胸トントン」
落ちついて
大丈夫、大丈夫
胸に手をあてトントントントンと優しくたたいて刺激する
おさまってきたかも
心のお手当だよ
やってみてね

反射的に怒らない方法がある

恥を覚悟で言うと、長男が2〜3歳の頃、自分の我を通そうと泣いて怒っている彼に「しつこい！」「泣いてもダメなものはダメ！」と突き放したような怒り方をしていました。忙しくて感情をコントロールしにくいときに限って、余計にグズグズ言ったり泣き始めたりしちゃうんです。

私のイライラメーターがますます爆上がりして、大声で怒るという始末……。最悪です。

収拾がつかず私も長男も撃沈……。「イライラ&疲れ」上乗せの状態です。怒りに怒りを乗っけてしまうと、互いの怒りエネルギーのぶつかり合いで大炎上です。

子どもの「怒り」への対処法のコツ、1つ目は「子どもの怒りに乗っからない」こと。

ママの怒りに反応して子どもはギャーギャー泣き始めるか、はたまた、言うことを聞いたとしても、その子の心の中は大火傷していることでしょう。

もちろん、**ママはママで、ヒートアップして考えなしに怒りのバズーカーをぶっ放してしまうと、その衝撃は「後悔」という形で自分にも返ってきます。**ね、良いことなしでしょ？

だから、子どもが怒っているとき、イライラしているとき、グズグズ言っているとき、私たちはどんなに自分がイラッとしても、反射的に怒りの感情に乗っからないことが大切です。そのためには、「衝動のコントロール」が必要です。

《呼吸リラクゼーションテクニックを使う》

1章でちらっと紹介した呼吸リラクゼーションのテクニックを使って一呼吸置くといいですね。**ゆっくり鼻から息を吸って、ほんの少し息を止めてから「ふーぅぅぅー」と、口から息を吐き切ります。それを2~3回繰り返しましょう。**

カーッとなって熱くなった頭と、グーッと力が入った体にゆっくりと酸素を送り込んであげると、全身に酸素がいきわたりリラックスできます。呼吸を整え、ゆっくり話し始めるこ

イラっとしたら、やってみよう

「呼吸リラクゼーション」
①鼻から息を吸ってほんの少し息を止める
②口から息を吐き切る

**2〜3回、繰り返し、
呼吸を整えてから話すと、怒りがおさまる**

リラックス効果ある♪

とで自分の怒りも子どもの怒りもヒートアップさせずにすみます。

《優しい刺激を与える》

他にも、**自分の胸に手を当てて「トントン」と優しくたたいて刺激してあげるのもオススメです。**ママが子どもを寝かせるときや泣いているときに、抱っこしながら「大丈夫よ。よしよし」と言いながら、とんとんするイメージです。

それを自分にしてあげるのです。

「いったん落ち着いて。大丈夫、大丈夫」と言いながら優しく刺激することで、怒りが鎮火していくはずです。

まさに心のお手当です。そうすれば、子どもの怒りの炎に油を注ぐことになりません。落ち着いて向き合って話を聞いてあげることができれば、子どもの気持ちは落ち着きやすくなるはずです。

子どもも感情をコントロールできるようになっていく

ちなみに、**子どもの感情コントロールができ始める時期としては、一般的に2～3歳頃からと言われています。**

もちろん個人差はありますが、自分以外の人とのかかわりの中で少しずつ自分の感情に向き合うことをし始めます。

嫌なことや悲しいことがあったとき、親や保育者など身近な大人がその感情に寄り添い、受け止めてくれる体験を通して気持ちを立て直すことができれば、また子どもの世界へと戻っていきます。

4～5歳になってくると、感情を表現する言葉の数が増えてよくしゃべるようになります。

しゃべることで、相手に自分の気持ちが伝わります。伝わることで、さらにおしゃべりが盛んになっていきます。

その繰り返しの中で、言葉の発達は促され、人とのコミュニケーション力が上がり、感情をコントロールする力が身についていくのです。**この時期以降、大人に受容してもらうことによる調整に加えて、少しずつ自分で気持ちの調整ができるようになっていきます。**

子どもの怒りに乗っからないで

話が少し脇道にそれましたが、**私の子育ての反省を踏まえてお伝えしたいこと。**

それは、「子どもの怒りに乗っからないこと」です。

幼い頃、天真爛漫だった長男が私の顔色を見ながらビクビク生活するようになった原因の一つに、私のかかわり方が少なからず影響しているだろうということは薄々気づいてはいました……。

私が彼の気持ちなどお構いなしに怒鳴り散らすようなかかわりの積み重ねが、少しずつ彼を変えてしまったことは（認めたくなかったけど）、明白です。

後悔しない子育てをしたいなら、私と同じ間違いを繰り返さないでください。「子どもの怒りに乗っからないこと！」、ぜひ試してみてくださいね。

Point
深呼吸をしたり、優しくタッチしたりしてみよう

2 決めつけずに「事実」を聴く

ぷいっ
もうっ！泣かせたらダメでしょっ!!
お姉ちゃんにもなにか理由があるんじゃない？
聞いてあげた？
はっ
ガオー
ガシャーン
だっていつもジャマしてくるんだもん…
それが嫌だったんだね…

思い込みで接すると、事態は悪化する

毎日、子どもと顔をつき合わせて子育てしていると、つい「いつも一緒にいるから、子どもについてわかっているはず」「子どものことを一番よく知っているのは自分だ」と思いがちです。でも、本当にそうでしょうか。

子どもが怒っているとき、親の思い込みで対応してしまうと、事態を悪化させてしまうことが多々あります。それを私自身、身を以て体験してきました。

我が家の長男は、私の威圧によって抱えていたストレスを、次男に意地悪をする行動で発散しているところがありました。私の目が届かないときに限って、次男が泣いていることがあったからです。

ストレスの発散目的で泣かせたのかはわからないし、隠れてしようと思っていたのかもわかりません。当時、私が向き合って話を聞いていなかったので、もはや事実かどうかは今さら確認できません。成長後の彼に聞いても、「そんなの覚えとるわけねえが」と言われてし

まいました。

そのとき私がとるべき行動は「なぜ弟を泣かしているのか」、長男にその理由を聞き、事実を確認することだったのです。

《事実を尋ねる》

子どもが怒っているとき、泣いているとき、ケンカをしているとき、その前後の経過をすべて見ていない限りは「事実を知らない」のと同じです。だからこそ、今の状況を、正確に確認することが大事です。

例えば、お兄ちゃんが弟を泣かしているとします。こんなとき、

「○○君が泣いているけど、どうしてか知ってるかな？」

「何か、イヤなことがあったんなら、母ちゃんに教えてくれるかな？　話を聞くから教えてちょうだい」

こんなふうに聴くことです。そして、話ができるなら泣いている弟にも聴くようにしたいですね。

お互いの話を聞いて、それぞれの気持ちを汲み取り、言葉にして気持ちの橋渡しをしてあげる。そうすれば、兄弟両方の思いと、起きた出来事の整理ができるはずです。

納得できれば、そこで初めて、本当の意味で「ごめんなさい」ができると思うのです。

当時の私にはできなかったことですが、アンガーマネジメントに出会ってからの10年間は事実を確認することを意識しながら、子どもとかかわるようにしています。

《語尾をソフトに》

事実を尋ねるとき注意したいのが、語尾の強弱です。

せっかく子どもに向き合い、事実を確認しようと努力しているにもかかわらず、語尾を強めた言い方にしてしまうと、子どもは本心を伝えることができなくなってしまいます。

同じ言葉を使っても「語尾を上げる問いかけ（↑）」と「語尾を下げる問いかけ（↓）」と

では、子どもに与える印象は大きく変わります。
実際に言葉に出してみるとわかりやすいと思うので、ぜひやってみてください。

×「お茶がこぼれたのは遊んでいたからなのかな（↑）？」
○「お茶がこぼれたのは遊んでいたからなのかな（↓）？」

×「妹が泣いているのはなんでかな（↑）？」
○「妹が泣いているのはなんでかな（↓）？」

語尾を下げてソフトにするだけで、正直に話しやすい雰囲気を作ることができます。
責めてしまいがちな場面でも、一呼吸おいてゆっくりとした口調で、語尾をソフトに言い換えれば、イライラがヒートアップすることはありません。

《思い込みをなくすためにも、確認が大事》

大切なのは、思い込みかどうかを言葉で確認することです。ぜひ、普段の行動を振り返って、思い込みで接していないかどうか確認してみてくださいね。

確認したあとで、その事実に対して怒るか怒らないかを判断し、「これは怒ったほうがいい！」と思ったことに怒ることができれば、アンガーマネジメントは成功です！

Point

事実を尋ねるときは、語尾を下げて話してみる

3 「怒り」のレベルを数字にしてみる

子どもの態度にカッとなるときってない？
ベェー
ムッ
怒りの感情に巻きこまれないコツはね
「怒りを数値化する」こと！
ある
あるぅ〜
1
5
9
3
6
3くらいかな
どうしたー？
客観視できて冷静に対応できるようになるよ！

怒りの感情の強さはさまざま

怒りはとても幅広い感情です。軽くイラッとする程度の怒りもあれば、はらわたが煮えくり返って相手を罵倒したくなるような強い感情も怒りです。

炎で喩えてみるとイメージしやすいかもしれません。マッチですった小さな炎も、メラメラと燃え盛っているような炎も、どちらも同じ火ですが、その温度や勢いは全然違いますよね。

こんなふうに、**怒りにも温度の違いや強弱の違いがあります。**だから、一度、怒りに火がついて炎が燃え上がるとヒートアップして、暴言を吐く、暴力をふるうといった強い怒りの行動に転じてしまうことがあるのかもしれません。

以前の私も、その一人です。イラッとした次の瞬間に大声で怒ってしまい、自分では止められませんでした。頭の中では、「こんなに怒るほどのことじゃないかも」って、どこか他人事のように考えている自分がいるのですが、その冷静な自分は、怒りを止められるほどのエネルギーは持ってなくて……。

怒りのコントロールが難しいのは、怒りが目に見えないものだからかもしれません。目に見えないと目安になる指標みたいなのがないでしょう？　わかりにくいし扱いにくい。

そこで、**指標や尺度をつけて判断基準ができると、理解しやすくなると思うのです。**

例えば、空を見上げたとき……。どんよりと雲が広がっていたとします。

「この後、雨が降りますか？」と聞かれたらどう答えますか？

私なら、「うーん、降るかもしれないし、降らないかもしれない」と答えます。

でも、降水確率95％だと知っていたらどうでしょう？

「絶対に雨が降るから、傘を持っていった方がいいよ」と答えるのではないでしょうか。降水確率という尺度がついたことによって、判断ができるようになるのです。

怒りの温度を数字にする

普段から、**「子どもの怒り」を数値化しておくと、ママの怒りの爆発を防ぐことにもつながります。**これが、3つ目のポイントです。

「怒りの数値化」とは、例えば、

「あー、ちょっとイライラしているなぁ。怒りの温度は2くらいかしら……」

「兄弟ゲンカをして泣き叫んでいるから、今の温度は8くらいあるな……」

という感じです。

これは、**怒りの温度を0〜10レベルでつけていく方法です。**

0が穏やかな状態、つまり怒っていない状態です。

1になると「あれ、ちょっと嫌なことがあったのかな?」レベル、それから少しずつ怒りのレベルが2、3、4と上がっていくにつれて、イライラの度合いが上がります。

5、6、7になってくると、文句を言ったり反抗したり、泣き始めたり地団太を踏んだりと、そのレベルが上がっていくイメージです。

さらに、8、9、10になってくると、徐々に手が付けられない状況になって、泣きわめく、暴れる、暴言を吐く、大声を出すなど乱暴さがレベルアップする感じです。

なお、このレベル設定は一例にすぎません。全てをお子さんに当てはめて考える必要はありません。

子どもに合った温度表を作る

その子の気質や性格によって、おとなしい子どもの場合には表に感情を出すより、黙る、無視し始め

怒りを数値化する

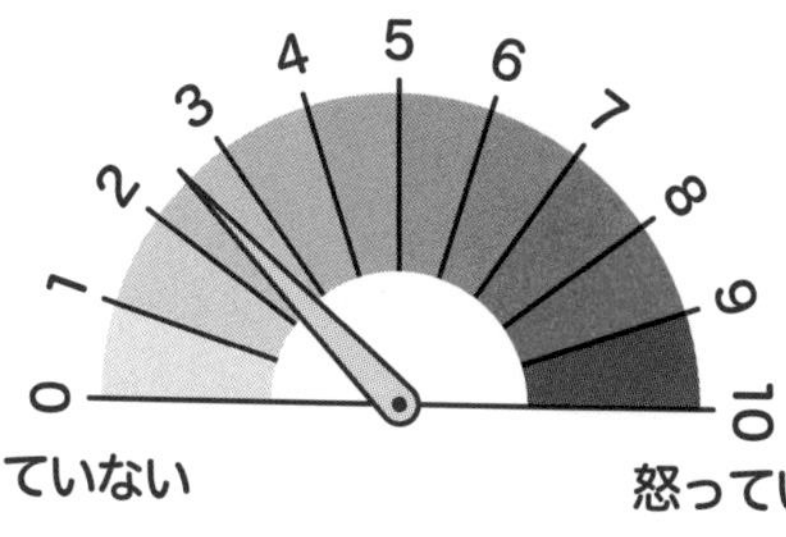

数値に応じた、対応法を考えておこう

る、部屋にこもるなどの行動で怒りの強さを表す子どももいるからです。

きっと、自分の子どもの怒り方についてはママが一番よくわかっているはず。

これまでの子育てで子どもが怒っている場面を振り返り、子どもの怒りの温度表を作ってみるのもオススメです。**兄弟姉妹がいる場合は、一人一人に合わせて作っておくといいですよ。また、怒りの表し方は成長とともに変化していきます。**


我が家の長男の場合、2〜3歳くらいまでは素直に怒りを面に出すタイプでしたが、（私に怒られることが増えたからか……）徐々に怒りを内に秘めるタイプに変わっていきました。

でも次男は、生まれたときから怒りを前面に表に押し出すタイプ。それが、小学5〜6年生頃まで続いたかな……。

今もその傾向がありますが、ずいぶん感情のコントロールができるようになっています。
中学1年生になったころから
「前のオレなら、めっちゃ怒っとったけど、結構気持ち、切り替えれとるけんな〜」

と、自分の気持ちと行動を報告しに来るようになりました。

怒りを視覚化してみる

子どもの怒りを数値化することで、そのエネルギーの大きさを視覚化することができます。**視覚化できればママは、次にどんな言葉を子どもにかけるか、どう対応するかが決めやすくなります。**

それに、ママもわざわざ温度の低い怒りに便乗して、自分の怒りをヒートアップさせることがなくなるでしょう。

もし、**子どもの怒りの温度が高い場合には、「子どもも今、心がしんどい状態にあるのかも」と理解できるようになります。**子どももそれなりにエネルギーを使って怒っているわけですから、ママがその気持ちに寄り添ってあげられれば子どもの温度を下げてあげることもできるのです。

ママの怒りも視覚化しよう

子どもの怒りの温度をつける作業に加えて、ママ自身の怒りの温度もつけてみましょう。

自分の怒りを視覚化することになるので、感情コントロールをしやすくなるからです。**温度が低ければ、怒るほどのことじゃないと思えるし、温度が高ければ子どもに向き合って上手に怒ればいいのです。**

アンガーマネジメントは、「怒らないママになろう！」と言っているわけではありません。「これは、絶対に許せない！」と思うことで、怒りの温度が高いのなら怒ってＯＫです。子どもには怒っている理由や気持ちを伝え、子どもが納得できる怒り方ができれば堂々と怒りましょう！

「ママの怒りのレベル」を伝える

私は、今でも子どもを怒るとき、

「母ちゃん、今回は結構怒ってるからな。レベル的には7くらいじゃけん。相当怒っとるで」

と、怒りの温度で伝えることがあります。大声を出すわけでもなく、相手を責めるわけでもなく、怒りの温度を伝えるのです。

もう中学生の次男は、

「それは結構怒っとるな……。次から気をつけるわ」

と言って謝ります。今の私は、大体のことは流せるようになったし、例えイラッとしても、「まぁ、これくらいなら別の方法で何とかなる」とか「まだ間に合うから、そこまで怒る必要はないな」と思えるようになりました。

やがて、問題解決できるように！

でも、次に同じことをしてほしくないので、そのときの気持ちや「次に○○してほしい内容」は必ず伝えるようにしています。

ただ、伝えたことが、次に守れなかったときには怒りのレベルが上がるので、「私は怒っています。レベルは7〜8ですよ」と伝える方法をとっています。

そしてそのとき、

「母ちゃんは、〇〇な思いで頼んだけど、それが次にできない場合は、母ちゃんがしてあげていた〇〇は、自分で責任もってしてね。母ちゃんにしてもらいたいなら、次に〇〇は守ってね」

と伝えて自分でしてもらうようにしています。

例えば、部活で使ったくっさいTシャツを、洗濯が終わってから出してきたり、私が朝早く仕事に行く日にご飯をダラダラ食べていて、洗い物が終わってから食器をキッチンに運んできたりするなどです。そんなときは、

「母ちゃん、もう洗濯を終わらせてしまったから、自分で洗濯機を回して干しておいてね〜。部活から帰ってすぐ出してくれてたら、母ちゃんが洗濯できるからね♪」

あるいは、

「今日は仕事が早いから、自分で洗い物をしておいてね〜。母ちゃんの洗い物が終わるまでに持ってきてくれたら一緒に洗えるから、自分で洗うのが面倒だったら、次からさっさと食

べて持っておいでね～」

という具合です。

これは、子どもが成長した今だから使える技です。アンガーマネジメントをほそ～く、なが～く続けていると、将来的にはこんな会話で問題解決ができるようになるのです。気長にできることを続けてみてくださいね。

Point

怒りを温度にたとえてみよう

4 リセットする時間を持つ

だんっ
だんっ
……
ママのイライラは…
ギャー
伝染する
ビクビク…
だからね そういうときは 正直に伝えて
ねっ？
ぽむ
まず自分を落ちつかせる
ごめん 今 機嫌が よくないから
15分 ゆっくり コーヒー 飲ませて くれるかな
はーい

ママの機嫌が、子どもの機嫌に影響する

４つ目のポイントは「ママの機嫌を持ち込まない」です。

これはね、本当に気をつけたほうがいいです。経験者なので、よくわかります。**イライラした気持ちは、周りに伝染します。ママのイライラは、ダイレクトに子どもに影響を及ぼします。**

しかも私は、当時、怒っている、イライラしているという雰囲気を前面に押し出しだしながら行動している状態でした。「これ以上、母ちゃんを怒らせるんじゃないぞぉぉぉぉ！」っていう無言の圧力。

そんな子育て環境の中、長男は、その私の雰囲気をいち早く察知して、「母ちゃん、母ちゃん」とすり寄って、ものすごく気をつかう子になってしまいました。

一方、次男は、私のイライラウィルスに感染し、地団太を踏んで感情を放出しまくる子どもでした。

保育士をしていると、年間行事で大きなイベントが四季折々にやってきます。入園式、夏祭り、運動会、発表会、卒園式などです。私はとにかく何でも全力投球で取り組むタイプだったので、行事前には自分で自分を追い込んで忙しい状況を作っている状態でした。

限られた時間の中で、「よりいいものを！」と、仕事量を増やすわけですから、当然忙しくなるし、疲れもします。そのしわ寄せは子どもたちへといくわけで……。

自分の仕事に使う時間を増やしたいがために「早く！　早く！」と子どもをせかしてしまいました。のんびりタイプの息子２人に、ついイラッとして、「グズグズせんの！　なんで早くできんのよ！」と言ってしまうこともしばしば……。

心にゆとりがあるときには怒らないことでも、忙しさや疲れから機嫌が悪い状態になったときには怒ってしまいました。

結局、それが子どもの機嫌にダイレクトに影響を与え、長男はビクビク、次男はイライラ、親子ともども「ご機嫌状態」から程遠い生活をしなければなりませんでした。

子どもの気持ちを受け入れるために

心を落ち着かせる言葉を言おう

不機嫌な状態から、抜け出せる！

《コーピングマントラで落ち着ける》

子どもの「怒り」に対処するつもりが、自分もイライラし、子どももイライラし、互いに不機嫌な状態でコミュニケーションをとってもうまくいくはずがありません。

子どもの不機嫌を、親の不機嫌で押さえつけることは無理なのです。大事なのは、「気持ちを受容すること」。

どんな理由で、どんなネガティブな気持ちが怒りに転じたのかを言葉にしてあげることです。そのとき、ママはできるだけ平常心を保つことが大事です。

呼吸リラクゼーションや胸トントントンのほ

かに、**「落ち着いて、落ち着いて」「平常心、平常心」**と、自分に言い聞かせる方法もいいでしょう。

これは、アンガーマネジメントの「コーピングマントラ」というテクニックです。

イラッとしたとき、ムカッとしたとき、自分の機嫌が悪くなりそうなときに魔法の呪文「コーピングマントラ」を唱えることで自分を落ち着かせるためのテクニックです。

ちなみにこのコーピングマントラについては、4章でもご紹介します。

アンガーマネジメントのテクニックをうまく使ってママの平常心を保ちながら、子どもの怒りに対応できれば解決方法や改善方法を見つけやすくなったり、子どもの気持ちが落ち着くまでの時間を短縮したりできるようになります。

《正直に話してみる》

どうしても自分の機嫌が直らないときは、正直に子どもに伝えるのも一つの方法です。

「ごめんね、ママは今機嫌が悪いから、30分だけ待ってくれるかな？」
「今、ママはイライラしているから怒ってしまいそうなの。だから、30分で気持ちを切り替えるから時間をちょうだいね」

と、素直に伝えてみるのです。子どもが小さくて時間の感覚がつかめないのなら、

「〇〇のアニメが終わる頃にはなおると思うから、見ながら待っててくれるかな」
「長い針が3のところになったら、ご機嫌になるようにするからね」

など、子どもの年齢に合わせて「子どもが待つ時間」を伝えてみましょう。

そして、**ママ自身はその30分で気持ちをリセットして戻れるように、自分なりの解消法を試してください。**短時間昼寝をする、コーヒーを飲む、音楽を聞くなど、30分程度でできることをあらかじめ考えておくと良いですよ。

子どもに「待つ時間」を伝えてみる

ごめん 今 機嫌が
よくないから
15分
ゆっくり
コーヒー
飲ませて
くれるかな
はーい

短時間で気分転換できることを
見つけておこう

リセットすれば、いい気分で戻れる

いきなり30分が難しいようなら、10分や15分から始めてみるのもいいですね。

何度かこの方法を試していけば、子どもは体験的に「30分後には、ママがご機嫌で戻ってきてくれる」と理解できるのでお互いのほどよい距離感が保てるようになります。ママの機嫌の悪さがダイレクトに子どもに伝染することもなくなるでしょう。

《子どもは親の背中を見て育つ》

子どもは、身近な大人の感情表現の真似をします。だから、怒りっぽく乱暴な言葉使いをする親の子どもは、似たような表現方法をするようになります。

自分のコピーになっている子どもに対して怒っても、残念ながら修正はほぼ不可能に近いでしょう。怒りっぽい子どもを変えたいのなら、まず、自分が変わること。

子どもは親の背中を見て育つとはよく言ったものです。私はアンガーマネジメントを学んで、自分で自分の機嫌を取れるようになったことで、「子どもにいい背中を見せることができているな～」と感じています。

子育ては、長い長い道のりです。ママがご機嫌な時間を少しずつ増やしながら、できることをコツコツと続けていくのがいいのかなと思っています。

あなたは、我が子にどんな背中を見せたいですか？

Point
コーピングマントラで心を落ち着けよう

5 「感情の切り替え」に目を向ける

あーもうっ
ぐしゃっ
どうしたの？
今日まなちゃんとケンカしちゃって
あーでこーで…
うんうん
宿題やろっと！
ふうっ
気持ちの切り替えできたね！エライ！
気持ちを切り替えられたときに声をかけてあげると
GOOD
自信につながるよ！

子どもは気持ちの切り替えが早い

子どもって、感情を吐き出すと意外にさっぱりと気持ちを切り替えることができる生き物かもしれません。

例えば、ママに叱られて、ぎゃんぎゃん泣いているとします。ママとしては「ちょっと怒りすぎたかな……」なんて反省していても、当の本人はしばらくするとケロッとしてお絵描きを始めたり、テレビを見て笑っていたりするなんていう経験はありませんか？

こっちとしては、「泣いたカラスが、もう笑ってるの！」という感じです。拍子抜けして、ちょっとイラッとしたりして……。「まさか、反省してないいんじゃない？」なんて思ったりしてね。

でもね、実は、これが気持ちを切り替える「ベストタイミング！」なんですよ。

子どもが自分で気持ちを切り替えられるって、すごく大事なこと！

にもかかわらず、私がやらかしていたのは……、

「ちょっと！　さっき怒られたこと、わかっとるん？　なんで、もう遊んどんよ」

って、気持ちを振り出しに戻してしまうことでした。これね、子どものレジリエンスの力をぶっつぶす行為です。「せっかく前に進もうとしていたのにね。ほんと、ごめんよ、子どもたち～」と、今なら素直に謝れます。

レジリエンスの高い子どもは、くじけない！

さて、このレジリエンスの力とは、簡単に言うと子どもが気持ちを立て直そうとする力、逆境から復活しようとする力のことです。

レジリエンスの高い子どもは、自分で自分を慰めたり励ましたりできるので、辛いことや悲しいこと、悔しいことがあったとしても挫けず頑張ることができたり、もう一度チャレンジできたりします。

つまり、私に叱られても、彼らは自分なりに気持ちを調整して心を立て直し、絵を描いたり、テレビを見たりして気分転換しようとしていたんでしょうね。

それなのに、当時の私は、全然気づいてあげられませんでした。

でもね、アンガーマネジメントを学んだことで、私はこのレジリエンスの力を、「感情コントロールの上達と共に身につけてこられた」と思っているんです。

アンガーマネジメントは、無駄な怒りを手放して、必要なことにだけ怒る技術です。だから、アンガーマネジメントが上手になれば、怒らずにすむことが増えるのでイライラしている時間が減ってきます。

子どもを怒るときも、今、怒らなければならないことだけに絞って、その後はグチグチネチネチいつまでも怒らないですむんです。怒ってすんだことは、その場できれいさっぱり終わらせる！

だから、怒った方も、怒られた方も気持ちの切り替えがしやすくなります。**怒り終わったら「もう怒ってないからね」と、必ず伝えるようにしていました。**

そう言えば、子どもは安心して気持ちを切り替えることができます。

今ではそんなセリフも必要ないくらい、お互いにサクッと気持ちの切り替えができています。これで、お互いに不機嫌な時間を過ごさなくていいのだから、一石二鳥です。

気持ちを切り替えるタイミングを逃さない

子どもの頃から、親子で気持ちを切り替えるタイミングを逃さないようにする練習をしておくことで、**怒りの感情を含めたネガティブな感情全般に対して、切り替えられるようになっていきます。**

長男が中学3年生の頃の話です。彼は、総勢約80名近い部員が在籍するバドミントン部の部長をしていました。また、学校の委員会では、選挙に出馬、当選し学級委員長をするなど、人前で話したりまとめたりすることが得意な子どもに成長していました。

でもね、そんな彼が、ときどきひどく落ち込むことがあったんです。多くの部員がひしめき合う部活ですから、様々な問題が勃発します。

それを全部しょい込んで立ち回り、段取りし、仲立ちし、解決の方向に導くために頭と体をフル回転させて、必死に頑張っていました。

でも、自分の頑張りとは裏腹にうまくいかないこともあるわけですよ。

それをね、私と2人のときに「それがしんどいんよ」「じゃから、大変なんよ」「オレ、頑張っとんじゃけど伝わらんのんよ」と、ぼそぼそ話してくれるんです。話をするのは、大体、送迎中の車内なので、私と長男2人だけの時間です。


その頃の私は、かなり穏やかに静かに耳を傾けることができました。

気持ちを否定せず、受け止め、一緒にどうやったら今の状況を改善できるか考えることができていました。この送迎の時間が、長男の抱えているネガティブな感情の切り替えスイッチになっていたのだと思います。


多分、以前の私なら……。

「部長を引き受けたんだから、そんなにグズグズ言ってもしょうがないじゃろ！　頑張るしかないが！」

と言っていたと思います。そうしたら、きっと、

「そんなん、言われんでも自分が一番わかっとる！　頑張っとるのに、どうしようもできんから話したんじゃ！」

と言い返されていたでしょうね。

アンガーマネジメントを学んだことで、親子で気持ちについて話ができる関係を築くこともできました。結果的に長男は、様々な問題を乗り越え、部長を最後までやり抜きました。自分が変われば、子どもも変わると実感したエピソードです。

気持ちに寄り添い、認めよう

子どもがイライラしているとき、私たちができることはほんのわずかです。気持ちに寄り添い、話を聞くこと。そして、気持ちが切り替えられたらそのタイミングを逃さず、

「気持ちを切り替えることができたね」

「自分で気持ちが切り替えられるって、大事なことなんだよ」

「イライラを持ち続けているより、気持ちを切り替えてできることをしていけたらいいね」
「ママは、あなたが大きくなってるな～って思うと嬉しいよ」

と、伝えてあげましょう。

そうすれば、子どもは自分で気持ちの調整ができていることに気づくことができます。無意識にやっていたことが意識化されると、次からは、自分で意識的に調整しようと試みるようになります。その都度、タイミングを逃さず声をかけてあげることで、子どもの心は必ず成長していきますよ。

Point

子どもが気持ちを切り替えられたら、ほめてあげよう

6

「傷つけること」を目的にしない

ごはんだよ！早く片づけなさい！
いま やるってば！
こういうときは「私は」を主語にして伝えた方がいいよ
「私は」？
ママは 早く片づいて温かいうちに食べてほしいんだけど
あ！うん！
これはここで……
片づけてくれてありがとう

我慢の糸が切れて、子どもを傷つけていた

子どもが怒っていたりイライラしたりしている状態が長く続くと、自分までイライラし始めませんか？　私もね、経験があります。

一応、保育士だし、はじめは優しく気持ちに寄り添おうと思って穏やかにかかわろうとしていたんです。でも、いつまでも子どもの怒りがおさまらないと、どうしてもイライラしちゃうんです。

そして、「今までの感情コントロールしようとした努力が無駄！」というほどの怒り方をすることが多々ありました。もともと怒っていた子どもの気持ちをそっちのけで、私が怒っている状態がメインになってしまったり……。

さらに、ひどいときは怒りがどんどんヒートアップして、子どもを傷つける言葉を放ってしまうこともありました。

「あー、思い出したら苦しくなる……」

今の私は、あの頃の子どもたちが、そして私自身が、「しんどかったね……。アンガーマネジメントに、もっと早くに出会えてたらこんなにしんどい思いをしなくて良かったのにね」と思うばかりです。

ダメだとわかっていても、やってしまう

当時の私は、心の奥底で「こんな怒り方はダメなのに」と思いながら、子どもを傷つけるような言葉を選んで怒っていたような気がします。泣くまで怒る……、泣いたらそこで一区切りできる、みたいな。

ダメってわかっているのに、切り替えられなかったんですよね。

多分、（言いたくないけど、認めたくないけど）**当時の私は、無意識に子どもを傷つけることが怒る目的になっていたんだと思うんです。**ストレス発散的な感じです。

でも、子どもを傷つける怒り方をした自分が、結局、めっちゃくちゃ傷ついていたりする

んですよ。泣いている子どもを見て「母ちゃんだって泣きたいわ〜〜〜！」って、叫んだこともあります。

子どもにこんなふうに伝えてみる

６つ目のポイントは、**怒る目的を「子どもを傷つけることにしない」です。**

子どもを怒る目的は、目の前の問題や課題を解決する方法を考えて、それを具体的に伝えるということのはずです。

子どもが小さいうちは、親が考えた内容を提案することになるでしょうが、子どもの成長に合わせて一緒に考えたり、納得できる方法をすり合わせたり、子ども自身に考えさせたりと、怒り方も変えていくことになります。

また、**怒っている子どもへの対応として大切にしたいのは、（何度も繰り返しますが）気持ちを受容することです。**気持ちに寄り添うことです。それはもう、絶対です。

「お兄ちゃんのおもちゃが羨ましかったんだね〜」

「ぼくも欲しいと思ったんだね〜」

「貸してくれなくて、悲しいね〜」

「お兄ちゃんは大事なおもちゃだから、貸したくなかったのかもしれないね〜」

「泣くのをやめて落ち着いたら、一緒に、貸してって言いに行ってみようか?」

「貸してくれるといいね〜」

「貸してくれなかったら、母ちゃんが抱っこして、ギューしてあげるからね〜」


こんなふうに、子どもの気持ちを大事にしようとするママの気持ちは、子どもに伝わります。**たとえ欲求が通らなかったとしても、気持ちを大切にしてくれる大人が側にいてくれれば、気持ちを切り替えることができるのです。**

大人だってそうですよね。否定されない安心感、非難されない安全な場所があれば、たとえ問題が解決しなくても心がふっと軽くなります。

アンガーマネジメントの実践は、ママが子どもの安心安全基地になる上での近道だと思います。怒り続けていたら辿りつけない基地です。多少の努力は必要ですが、怒りを手放してほそ〜くなが〜い道を進んでいけば必ず辿り着けます！　急がば回れです。

「3つのルール」を意識すると怒り方が変わる

アンガーマネジメントには、怒るときの3つのルール（25ページ）があるとお伝えしました。

これは、子どもたちにアンガーマネジメントを教えるときにも伝えているルールです。

「人を傷つけない・自分を傷つけない・物を壊さない」です。この3つのルールを守って怒れば、上手に怒ることができます。

人も自分も傷つけないためには、責めるような怒り方はNGです。

「あなたが○○するからダメなのよ」「どうせ私がダメなせいで……」なんて言わないでね。

子どももママも、頑張っているんだからね！　ダメなことは絶対ないですよ。

もし少しでも今の状況を改善したいと思ったら、怒るときに、ほんの少し3つのルールを意識してみてください。これだけでも、怒り方は変わりますよ。


子どもを怒るとき、つまり、**子どもを責めてしまいそうになったときは「私メッセージ」のテクニックを使ってみましょう。**

「私メッセージ」とは、「私は」を主語にしたメッセージの伝え方です。

一例をご紹介しましょう。子どもが帰る時間を過ぎても、遊びから戻らず、ママが心配している場面です。そこへ、「ただいま」と帰ってきた子どもへの言葉です。


「ママは今、すごく心配しているから怒っているんだよ。17時までに帰ってきてほしかったのに、暗くなるまで帰ってこなかったから、誰かに連れていかれたのかと思って心配だったんだよ。ママは、約束を守ってほしかったのに、守ってもらえないと怒るんだよ。次からは、必ず約束を守ってほしいと思うんだけど、できそうかな？」

もしも、感情的なまま「あなたメッセージ」で伝えると、

「いつまで遊んでるの！　あなたが帰ってこないから怒ってるんでしょ！　なんで約束を守らないのよ！　もう、次から遊びに行かなくていいからね！」

というようにきつく責めてしまいそうです。

さて、印象はどうですか？　もし、子どもの頃にこの2つのセリフを言われたとしたら、どちらが心に響くでしょうか？

じっくり一つずつやっていこう

3章では、子どもの怒りに対する様々な対処法をお伝えしてきました。

これらをどれも実践するにはかなりのエネルギーが必要です。

「取り組まなければ！」

「怒り方を変えなければ！」

と必死になりすぎると、うまくいかなかったとき、マイナスな感情が心にドドーっと流れ

込んでしまいます。

そうならないよう、できそうなことをできるときに少しずつ取り入れるようにしてみてください。

階段を3つ飛ばしで駆け上がっても、転んだり息切れしたりするでしょう？　アンガーマネジメントは、1段1段着実に、1歩ずつ上っていくのが一番いいんです。

急がず焦らずマイペースに取り組んでいきましょう。**特に、私のような短気なママさんは、急ぎ過ぎて、結果を求めすぎるところがありますから……。結果が出なくて、「もうやめた！」にならないよう、ほそ〜く、なが〜くくらいの気持ちでやってみてくださいね。**

Point

「私メッセージ」で伝えると子どもを責めなくてすむ

4
章

3歳からできる！　アンガーマネジメント

子どもの癇癪《かんしゃく》が、みるみる減っていく!

1 コレで、ママの負担が軽くなる！

親も子もイライラしにくくなったら毎日快適だよね
だから子どもも一緒に
レッツ　アンガーマネジメント!!
コツは楽しんでやること！
子どもは遊びながら学ぶ方が吸収力や習得力が高まるんだ！
UP

3歳からできる楽しい方法がある

私が所属している日本アンガーマネジメント協会には、大人が学ぶアンガーマネジメントだけでなく、子どものためのアンガーマネジメントもあります。

これまでは、ママが感情的になりにくくなるコツについてお話ししてきましたが、**本章ではお子さんが取り組めるアンガーマネジメントを紹介していきます。**

私が保育士をしていたときは、3歳から6歳ぐらいのお子さんが取り組めるように工夫して使っていました。

その結果、癇癪を起こしにくくなったり、保育者の話をよく聞くようになったりと、子どもなりに怒りの感情をコントロールしようとする姿勢が見られるようになりました。

ママが1人で頑張るのは限界がありますよね。

ママの負担を軽くするためにも、試しにやってみてください。いずれも遊びながらできるものばかりなので、お子さんも楽しみながらできると思います。

なお、お子さんとやるときは、過大な期待をもたないことです。大人だってすぐ、できるようになるわけではありません。

ほそ〜く、なが〜く、親子でボチボチ取り組んでいくのが一番です。焦らず、急がず、子どものペースに合わせてのんびり始めてみてください。

結果的に、家族が仲良く生活できたり、友達と上手にコミュニケーションをとれるようになれればベスト。そして何より、お子さん自身が自分の気持ちと上手に付き合えるようになれたら、一生もののスキルになります。

遊んでいるうちに、楽しく身につく

20年間の保育士生活で出会ってきた子どものほとんどは、「遊ぶのが大好き！」でした。だから、大人が「教える」気満々で伝えるより、遊びの中にアンガーマネジメントのテイストをチョイッと加える程度がちょうどいいと思うのです。

大人は、「効果」を意識して遊びを提供しますが、子どもは純粋に遊びを楽しんでくれればＯＫ！　自然とアンガーマネジメントを身につけることができます。

「衝動をコントロールする」方法は3つある

本章では子どもと一緒にできるアンガーマネジメントを、3歳児～5歳児を対象に年齢別に紹介していきます。なお、対象年齢は目安であってその年齢以外の子どもが遊べないというわけではありません。

子どもに合わせてママがアレンジして遊ばせるのもOKです。**どの遊びをする場合でも「楽しみながら」が基本です。そのほうが吸収力や習得力が高まるのです。**

ここでは子どもにもできる「衝動をコントロールする方法」を3つ紹介していきます。

ぜひ親子でチャレンジしてみてください。きっとママと子どもたちが笑顔で過ごせる時間が増えていくはずです。

Point

「教える」のではなく、楽しく遊ぶ感覚でやろう

3歳児さんとイライラ退治

『お絵描き遊び』

親子でお絵描き遊びをしながら、**「イライラやモヤモヤの気持ちを手放す感覚」を味わえるようにすることを目的とした遊びです。**

子どもは、紙と描くモノさえあればお絵描きを始めますよね。もちろん、形になっているものもあれば、大人には何を描いているのかわからない正体不明のものを描いている場合もあるでしょう。

でも、子どもは3歳頃から自分が描きたいモノをイメージしながらお絵描きをしているのです。ただ、手先の器用さは未熟なため、うまく描けないこともありますが、**大事にしたいのは、イメージしながら描くということです。**

〈準備するもの〉
色鉛筆など、色ぬりできるもの（クーピー、クレヨン、色ペンもＯＫ）
紙（画用紙、コピー用紙、広告紙の裏紙など）

《声かけ例》

ママ「お絵描きして遊ぼうよ」
子「いいよ」
ママ「『イライラ怪獣』を描いてみようと思うんだけど、一緒にしてみない？」
子「イライラ怪獣？」
ママ「そうだよ。例えばね……ママの『イライラ怪獣』はこんな感じかな～」

イライラ怪獣を描いて見せる

ママ「トゲトゲしていて、真っ赤だよ。ママがめっちゃ怒っているときの顔みたいに。目は吊り上がってるの。ママが怒ってるときは、この怪獣が体の中で暴れてるの。怪獣をやっつけられたらいいのにな～」

子どもの反応を確認しながら聞いてみる

ママ「○○ちゃんの『イライラ怪獣』は、どんな形？　色は？　○○ちゃんが、怒ったり、イライラしたりするときに体の中で暴れている怪獣を描いてみよう！　描けたら、ママの怪獣と一緒にやっつけちゃおうよ」

子「うん！」

［解説］

3歳児が描く絵なので、なぐり描きのようになるかもしれませんが、絵の善し悪しにこだわる必要はありません。

大事なのは、子どもが怒りやイライラの気持ちをイメージしながら紙に描き出し、怒りの感情を視覚化することです。

描き終わったら、**子どもが描いた『イライラ怪獣』について、ママの感想を話しながら、子どもが表現した怒りに対するイメージを〈具体的な言葉〉で表現してあげましょう。**このときの声かけの一例を挙げておきます。

ママ「〇〇ちゃんのイライラ怪獣は、黒色と赤色がまじりあった色のイメージなんだね。ママと少し違う形で、ギザギザしてるね〜。なんだかすごく重そうな怪獣だね〜」

もしも、本人が話せるようなら、どういうイメージで描いたのかを聞いてみると、子どもの怒りに対するイメージを知るヒントにもなります。

お絵描き遊びなので、4歳児、5歳児でも遊ぶことができます。年齢が上がると、イメージもより具体化され、描く技術も高まるので、お絵描き遊び後のアンガーマネジメント活動の効果も高くなります。

この遊びの目的は、「怒りを手放す」です。

ママと子どもが描いたイライラ怪獣をやっつける（手放す）としたら、どんな方法があるか、子どもと一緒に考えてみてください。例えば、ぐちゃぐちゃと握りつぶす、びりびりに破いてしまう、ごみ箱にポイっと捨ててしまうなど怒りを手放すイメージができる方法を考えるようにしてくださいね。

ママ「びりびり破いて、イライラ怪獣をやっつけたね！　今度、ママのおなかにイライラ怪獣がやってきたら、びりびり破いて、ごみ箱にポイって捨てられるようにするね。○○ちゃんの怪獣も、暴れだしたら、ママと一緒にやっつけようね〜」

実際に絵を描いて、びりびり破って、ごみ箱に捨てた体験があれば、その後、怒りの感情を手放す場面で、具体的なイメージを思い浮かべることができます。

最初は、親が声かけをしてイメージを具体的にしてあげましょう。その後、徐々にイメージの中で、子ども自身が怒りを手放せるようになっていきます。

4歳児さんとお風呂トーク

『対話遊び』

この遊びは、実際に次男が4歳児の頃にしていた遊びです。毎日バタバタと忙しく時間に追われているママにこそ、ぜひ試してほしい！「子どもとゆっくり話す時間がない〜！」と嘆いているママにオススメの方法です。

日常生活を営む上で、お風呂に入ることは必ずと言っていいほど毎日繰り返されているのではないでしょうか。**お風呂タイムは、親子で触れ合いながらコミュニケーションを交わせる絶好の神スポットです。**ここでは、4歳児さんとお風呂で気持ちについて語り合うコツを紹介します。

《声かけ例》

ママ「今日、保育園で心に残ったことってなあに？」

子「心に残るって？」

「心に残る」とはどういうことかについて、わかりやすく説明する

ママ「それはね、嬉しいな〜、楽しいな〜とか、ちょっと残念だったな〜、悲しかったな〜と感じた体験のことだよ。とくに聞いてほしいことはある？」

子「あるある！　今日な、砂場ですっごく大きい山を作ってトンネルもつなげたのに、Aくんが壊しちゃったんだよ。そしたら、BくんがAくんたたいてな、ケンカになったんだよ」

ママ「つなげたの！　すごいね〜。どんな気持ちだったの？」

子「楽しかった！」

ママ「楽しかったんだね！　Bくんは、どうだったんだろう？」

子「Bくんもだよ！　でも、壊れちゃったから怒ったんだよ」

ネガティブな気持ちもあえて聞く

ママ「あなたはどんな気持ちだったの？」

子「えー！　オレは……、悲しかった、かな」

ママ「どうして？」

子「だって、一生懸命作ったのに、壊れたから……」

ネガティブな気持ちを受け止める

ママ「そうだね〜。悲しい気持ちになったのね〜。その気持ち、ママもわかるよ。でも、A

くんに怒らなかったの？」

子「Bくんが怒ってたから、見てた」

ママ「そう、見ていたの。Aくん、どんな感じだったの？」

子「ごめんって言ってた。Bくんが怒ってたから、なんか、泣きそうになってた」

ママ「泣きそうだったんだね、なんでだろうね？」

子「悪かったな～って思ったからかな。わざとじゃないって言ってたし」

子どもの気持ちや態度を認める

ママ「そうだったんだね。壊れたのはすごく残念だったけど、わざとじゃないって聞いてあげられてよかったと、ママは思うよ」

子「うん。そうだね」

ママ「次に作るときは、成功するといいね～」

〈解説〉

このお風呂トークでは、出来事だけを聞くのではなく**「気持ち」を聴くことを大事にしています。**「どんな気持ちだったの？」と「どうしてそういう気持ちになったの？」を、丁寧に聴いていきます。

4歳児くらいになると、感情を表す言葉を少しずつ話せるようになってきます。子どもが話してくれる気持ちを丁寧に受け止めながら、会話の中で、**「経験したことに対する気持ち」と、「その理由」を整理整頓してあげられるといいですね。**

毎日、お風呂トークを続けていれば、子どもは嬉しい話、楽しい話、イヤだった話、悔しかった話など、たくさんの気持ちに関する出来事を話してくれるようになるでしょう。

ママに話すために、自分の気持ちに関心を持ちながら生活するようになります。そして、ママが話を聞いてくれるお風呂の時間が大好きになるはずです。

なお、お風呂トークでは、子どもの話を「否定・非難・批判しない！」が大切です。まずは、子どもの気持ちを「聴く」こと。安心して話ができる場を作ってくださいね。

気持ちをテーマにした対話は、子どもの感情の幅をグーンと広げてくれますし、**気持ちを伝えるスキルが身につけば、怒りを感じたときに、怒りの気持ちを言語化できるようになります。**

幼少期のかかわり方が、思春期に入ったときの親子関係にプラスに影響することは、私の経験から言えば１００％事実と言えます！　ぜひ、今日の夜からお風呂トーク、始めてみてくださいね。

5歳児さんとイラッとクイズ

『クイズ遊び』

子どもはクイズが大好きですよね。5歳児くらいになると思考力や想像力はかなり高まってくるので、じっくり考えて、自分なりの答えを言えるようになってきます。

このイラッとクイズはアンガーマネジメントの「スケールテクニック」を応用した遊びです。スケールテクニックは、怒りに温度をつけることで、怒りの感情を「視覚化」し、怒りを認知しやすくなります。

自分がどれくらい怒っているのかがわかれば、その怒りに合わせた表現方法を選ぶことができます。つまり、「温度が低いことに対して、激しく怒る必要はない」のですが、「温度が高いことに対しては怒ってもＯＫ」なのです。
ここでは、怒りを認知するためのトレーニングになるクイズを紹介します。

《声かけ例》

ママからクイズを出す

ママ「これからクイズを出すよ。赤・黄・青で答えてね」

子「わかった！」

ママ「第1問、ジャジャン！　友だちにバカと言われました。
そのときのママの怒った気持ちを答えてください。
赤は、めちゃめちゃ腹が立つ！　黄は、ちょっと腹が立つ。
青は、少し腹が立つけど怒るほどじゃない。
さあ、ママの怒った気持ちは何色でしょうか？　答えをどうぞ！」

子「赤！」

理由を尋ねて、考えさせる

ママ「どうして、赤だと思うのかな？」

子「だって、バカって言われたら嫌だから」

ママ「なるほど〜、バカって言われて嫌だから、赤だと思ったんだね」

子「うん」

ママ「では正解を言うよ！　ママの怒った色は、青でした〜。バカって言われたら嫌だし少し腹も立つけど、まあ、怒るほどじゃないかなと思うからでした〜」

子どもにクイズを出してもらう

ママ「今度は交代しよう。○○くんがクイズを出してね。同じ問題でやってみよう！」

子「わかった！　第2問、ジャジャン！　友だちにバカと言われました。そのときのぼくの気持ちはどれでしょう？」

ママ「そうだな〜、さっき、赤って言ってたから、赤色かな〜」
子「ブップー、残念でした。黄色でした〜」
ママ「なんで、黄色なの？」
子「だって、ぼくもバカって言うことがあるから、嫌だけどちょっと腹が立つにした」
ママ「なるほど、イヤな気持ちになるからちょっと腹が立つけど、めちゃめちゃ腹が立つほどではないから黄色にしたのかな」
子「うん、そんな感じ」

感情をコントロールする方法を考えさせる

ママ「じゃあさ、バカって言われたとき、○○くんならどうする？」
子「えっと〜、そんなこと言わないで、って言うね」
ママ「いいねぇ、そんなふうに言えるとケンカにならなくてすむかもしれないね」
子「うん！」
ママ「では、第2問、ジャジャン！」

〈解説〉

このイラッとクイズは、**怒りの「大、中、小」のような強弱を「赤・黄・青」の色で置き換えて答える遊びです。**

本来、スケールテクニックでは、怒りの温度を数値で置き換えて整理します。

ここでは、子どもがイメージしやすいように、身近な色を使って表現しています。さらに、3つに絞ることで、選びやすくなっています。

イラッとクイズをするときのポイントは7つあります。では、具体的に説明していきます。

① 最初のクイズは、ママが出す

大事なのは、ママの気持ちを考えてもらうクイズから始めることです。ママがクイズの出題者になれば、子どもが答えやすい状態を作れるからです。

② 子どもの答えを「復唱し」「整理する」

イラッとクイズは、「怒りの感情には強弱があること」を子どもに理解してもらう遊びです。このため、子どもが自分なりに出した答えを、ママは丁寧に復唱し整理してあげましょう。

例えば、

「クイズの答えを『赤』だと思ったのはどうしてかな？」

というように言葉を復唱することで、子どもはその問いについてもう一度、考えることができます。こうしてママとのやりとりを通して、自分の気持ちを整理する練習ができます。

③ 子どもがイメージできる「お題」にする

子どもがイメージできる場面を設定しましょう。子どもがイライラするなど、ネガティブな気持ちになるときを考えてみましょう。一例を挙げると、

- **兄弟ゲンカ（友達とケンカ）をしたとき**
- **かけっこで転んだとき**
- **給食が苦手なピーマン料理だったとき**
- **宿題の問題がわからなかったとき**
- **おしっこが我慢できそうにないとき**
- **お腹や頭が痛いとき**
- **ママ（先生）に怒られたとき**

こうした場面です。また、ネガティブな場面だけなく、ポジティブな感情が想定できる場

面も取り上げてみてください。一例を挙げます。

・ママ（友達）にギュッてしてもらったとき
・チョコレートパフェを食べたとき
・一緒にお風呂に入っているとき
・ママ（先生）に褒められたとき
・難しい宿題が全部できたとき
・かけっこで一番になったとき
・ケンカをした友達と仲直りができたとき
・友達が「ごめんね」と謝ってくれたとき
・絵本を読んでもらっているとき

このように家庭や園、学校などでの「あるある場面」をクイズにしてあげると、抵抗なく言葉にできるはずです。

④ 正解を伝えるときは「理由」も一緒に

正解を伝えるときに意識してほしいポイントがあります。それは、「ママの正解」を伝えるときにも、**「なぜ、その色を選んだのか？」という理由を伝えることです。**

今回のように選んだ色が違う場合、怒りの温度も理由も、子どもが想像していたものとは違いますので、こんなふうに、その違いを言葉にしてください。

「ママの怒った色は、青でした～。バカって言われたら嫌だし少し腹も立つけど、まあ、怒るほどじゃないかなと思うからでした～」

⑤ 色が同じでも、理由が違えばそれを伝える

もし、正解が子どもの色と一致していた場合も、

「色は同じだったけど、理由はちょっと違ったねぇ」

「色も同じだし、その色を選んだ理由も同じだったねぇ。大正解だったね」

と、それぞれ理由も言葉にしていきます。

色と理由をそれぞれ伝えてあげることで、「同じお題（場面）でもイラッと具合は、人によって変わるんだな」ということに気づくキッカケになるからです。

⑥ 子どもが出題者になっても、「お題」は同じに

ママからの出題がひと段落したら、次は交代です。今度は、子どもがクイズの出題者になります。できれば、同じお題にするのをオススメします。子どもはママからのクイズで、少なからず自分の気持ちが整理できている状態です。

新しいクイズにするよりも場面をイメージしやすく、気持ちや理由を言葉にしやすいからです。ここでの出題者は子ども側ですが、実質主導権はママが握っています。

子どものイラッとクイズに答えつつ、正解を聴いた後のやりとりは、ママが出題したときと同じ要領で進めていくからです。

7 「こんな場面で、どうしたらいいと思う？」と尋ねる

さらに余裕があれば、「もし本当にそんな場面になったら○○くんは、どうしたらいいと思う？」と聞いてみましょう。

子どもが考えた解決策や対応策を「それ、いいね～」と受け止めてあげると、それが自信につながります。さらに、**「ママだったら、○○な方法もありかなと思うけど、どう思う？」**などと、アイデアを子どもに提案してみるのもいいですね。

子どもと一緒にイラッとクイズをすることで、実はママ自身の怒りのコントロールのイメージトレーニングにもなります。お風呂トークとイラッとクイズを日替わりで楽しむのもいいかもしれません。ぜひ、親子で楽しんでくださいね。

2 「6秒ルール」でイライラのピークを回避する

怒りが爆発しそうになったら…
6秒ルールがオススメ!
お待たせ!お迎えに来たよ
おうちに帰ろ
やだー!!
帰らない
なにかあったの?
だってだって
落ちついて話せるように6秒数えてみようか
いーち にー
さーん しー ごー ろく…
手をつないだりハグしながらするとより効果的だよ!

ちょっと怒り出したらすぐ使う

「6秒ルール」のテクニックとは、怒りを爆発させないために6秒間、グッとこらえるというシンプルなもの。

目の前で腹が立つことが起こってから、怒りの感情がピークに達するまでの時間は6秒程度と言われています。この間に衝動的に言い返したり、やり返したりしてしまうと、気持ちを上手に伝えることができなくなってしまいます。

そこで、**イライラがピークに達する6秒間を乗り切ろうというわけです。**

つまり、**このテクニックを使うタイミングは、「怒りが大爆発してしまう前」です。**

子どもが、「少しイライラしてきたな」「今にも怒り出しそうだな」というタイミングで使ってみましょう。

Point

感情に流されず、クールダウンできるようになる

子どもの6秒ルール

『イライラしたら、6秒数える』

《お絵描き遊びで》

子「もう！　また間違えた」

ママ「間違えちゃったの？　なんだかイライラしているねぇ」

子「だって、うまく描けない！」

ママ「悔しいんだね。イライラしているみたいだから、一緒に6秒数えてみようか」

子「……」

子どもに向き合い、子どもと目の高さを合わせて両手をつなぎ6秒数える

子・ママ「1、2、3、4、5、6」

ママ「上手にできたよ。どう？　少し落ち着いたかな？」

子「うん」

ママ「どんなふうに絵を描きたかったの？」

子「ゾウの耳をもっと大きく、かっこよく描きたい」

ママ「そうだったのね。ママは、すごく素敵だと思うけど、もう一回描いてみる？　落ち着いて描いたら、かっこいい耳が描けるかもしれないよ」

子「うん！」

《保育園、幼稚園の送迎時に》

ママ「〇〇ちゃん、一緒に帰ろう」

子「嫌だ！　帰らない！」

ママ「どうしたの？　何か嫌なことがあったのかな？」

子「だって！　だって！」

ママ「うん、うん。落ち着いて話せるように、一緒に6秒数えてみようか」

子どもをハグしながら6秒数える

子 ママ「1、2、3、4、5、6」
ママ「上手に数えたね。よしよし。少し落ち着いたかな？」
子「うん」
ママ「ママにお話を聞かせてくれる？」
子「うん。あのね、〇〇ちゃんとケンカしたの」
ママ「そっか、ケンカをしたから、悲しくて淋しい気持ちだったんだね」
子「うん」
ママ「〇〇ちゃんと仲直りできる方法を、一緒に考えながら帰ろうか？」
子「うん！」

たーぬきさんが
ぽん
ぽこポン♫
いーちごさんが
わーらった♫
おーほしさまが
ぴんぴか
りん♪

（解説）

「6秒ルール」の目的は、一呼吸おくこと、落ち着いた心の状態を作ることです。

会話文でも紹介しましたが、ママと「手をつないで」「ハグしながら」など、数を数えるだけでなく触れ合いながら、抱きしめてもらいながらという**肌感覚の安定剤になってあげてほしいのです。**

「静かにしなさい！」「イライラしないの！」「怒ってもしかたがないでしょ！」と、命令や否定をされてしまうと、くすぶっていた怒りは、あっという間にヒートアップし大炎上します。

でも、スキンシップをとりながら6秒数えて落ち着いた後、ママに話を聞いてもらうことで子どもの心は安心感で満たされます。自分を大事にしてくれている感覚が、イライラをポカポカの気持ちに変えてくれます。

なお、このテクニックは、子どもの気持ちを落ち着けることさえできればいいので、「数を数える」ことが重要なわけではありません。**6～7文字程度のフレーズを考えて、代用してもいいのです。**例えば、

「たーぬきさんが、ぽんぽこポン」
「いーちごさんが、わーらった」
「おーほしさまが、ぴんぴかりん」

など、リズムが取りやすい言葉をつなげてフレーズを作っておくと使いやすいのではないでしょうか。

こうしたかかわりを続けていると、ママがいないときに子ども自身が自分のご機嫌を取る

ために、６秒ルールのテクニックを使うようになっていきます。

時間はかかりますが、学童期、青年期を迎えたとき、子どももママもイライラをぶつけ合うことなく良い関係で生活できる未来の土台作りだと思って、取り組んでみてはいかがでしょう。

3 気持ちが切り替わる「魔法の言葉」

イライラするなーと思ったら
自分の好きな「魔法の言葉」を唱えてリセットしよう
ママが落ちつける魔法の言葉を一緒に考えてくれない？
いいよ！
ママが好きな食べものがいいかな？
アイスは？アイスクリーム!!
イイネ！
2人は？
私は〜「プリンセス」かな
ボクはねぇ「でんしゃ」!!
それぞれの魔法の言葉を探してみよう！

事前に用意できるので便利♪

「魔法の言葉」は、3章でも少し紹介をした「魔法の呪文」コーピングマントラ（115ページ参照）のテクニックを応用したものです。これも自分を落ち着かせるためのテクニックです。怒りをヒートアップさせないよう、魔法の言葉を唱えて気持ちをリセットする方法です。

ただ、**「6秒ルール」と違うところは、事前に「魔法の言葉」を考えておくという点です。**子どもと一緒に、親子の魔法の言葉を決めておき、「いざ！」というとき一緒に唱えられるようにしておきましょう。

子どもが小さいときにこれを習慣化しておくと、子育ての負担がグンと減ります！　ぜひ、親子でオリジナルの魔法の言葉を考えてみてくださいね。

Point
習慣化できると、子育てが楽になる

子どもと考える
魔法の言葉

『大好きな言葉で、心を整える』

《大好きな言葉を選ぶ》

子どもの興味を引きつつ、誘う

ママ「ママね、良いことを聞いてきたんだよ」
子「なあに？」
ママ「怒りそうになったときに、魔法の言葉を唱えたら落ち着くんだって」
子「魔法の言葉を言ったら、ママ、怒らないの？」
ママ「ちょっと落ち着いて、上手に怒れるようになるらしい」
子「へ〜」

ママ「どんな言葉がいいか、一緒に考えてほしいんだけど、いいかな？」
子「うん、いいよ」
ママ「どんなのがいいかな〜。機嫌が直りそうなのがいいんだけどな〜」
子「アイスクリームは？　ママ、アイスクリーム好きでしょ？」
ママ「確かに！　アイスクリーム食べると機嫌が直るかもしれない！　それ、いいね！」
子「それにしよう！」

子ども自身で、魔法の言葉を考えてもらう

ママ「いいね！　今度は○○ちゃんの魔法の言葉を考えてみようよ。どんなのがいいかな？」
子「うーん、プリンセスは？」
ママ「可愛いね。どうして、それが良いと思ったの？」
子「プリンセスは、いつもニコニコしてるでしょ？　怒らないでしょ？」
ママ「なるほど！　それにしよう！」

子「うん、それにしよう！」

ママ「これから、イライラするな～、怒りそうだな～、というときは、魔法の言葉を使ってみようね」

子「うん！」

《魔法の言葉を使ってみる》

子「この服イヤなの！　違うのがいい！」

ママ「なんだかイライラしているけど？　一緒に考えた魔法の言葉を使ったらどうかな？」

子「……プリンセス？」

ママ「そうだったね、ニコニコのプリンセス。プリンセスって3回くらい言ってみたら落ち着くかもよ」

子「プリンセス、プリンセス、プリンセス」

ママ「ちょっと落ち着いたかな？」

子「うん」

子どもの要望を聞いてあげる

ママ「どの服がいいか、教えてくれる？」

子「ハートがついてる服がない！　昨日着た服がいいのに」

ママ「お気に入りだもんね。そっか、ハートの服が着たいのか」

子「うん」

ママ「でもね、見て。今は干してるのよ。夕方には乾くから、明日は着られるよ。だから、今日はリボンがついたかわいい服を着てほしいんだけど、どうかな？」

子「わかった。明日にする」

ママ「ありがとう！　リボンの服もとっても似合ってるよ。プリンセスみたいに髪の毛を結んであげようね♪」

子「うん！」

〈解説〉

「魔法の言葉」を決めるときのルールは特にありません。どんな言葉でもＯＫです。**子どもと一緒に考えることを大事にしてください。**

大好きな食べ物をイメージすると落ち着くタイプの人はその食べ物を選んでもいいですし、理想のプリンセスを思い描いて落ち着くことができるのなら、そのキャラクターや大好きな人の名前にするのもいいですね。

子どもと一緒に考えるときは、いきなり、「イライラしない魔法の言葉を考えよう！」と誘うより、「ママの魔法の言葉を一緒に考えてもらいたい」と提案してみるといいでしょう。

「ママが怒らなくなるかも！」というのは子どもにとって最大のメリットですからね。

きっと子どもは抵抗感なく一生懸命、魔法の言葉を考えてくれるのではないでしょうか。

このやりとりを入り口にして、子どもの魔法の言葉を考える作業に入っていけば、子どもも自分なりに理解して魔法の言葉を選べるはずです。


ちなみに、我が家の話をすると、私がちょっと怒った口調で話しているときに長男が言った一言が、これ！

「母ちゃんは、アンガーマネジメントを人に教える人なんよな？」です。

この一言を言われたとき、ハンマーで頭をガーンって殴られた感じ。「まさにその通り〜〜〜っ！」という感じですよ。

今でこそ、そんなにイライラすることがなくなったので必要なくなりましたが、しばらくの間、そのフレーズを「魔法の言葉」として使っていました。

4 「スーハー作戦」をしよう！

深呼吸3回ですごい効果！

「スーハー作戦」は、呼吸リラクゼーションをアレンジした遊びです。これは衝動をコントロールするためのテクニックで、**子どもがイライラし始めたタイミングで使うと効果的です。**

なお、これは大人にもかなり有効なテクニックです。実際、私もこの10年間で、スーハー作戦はかなり使い倒してきました。ぎゃんぎゃん怒鳴りまくって怒っていた私が、今や、声を荒げることは、ほぼなくなっています。

「スーハー作戦」は、簡単に言えば「深呼吸」です。ゆっくり息を吸ったり吐いたりを**3回程度くり返す**だけのことです。これがすごい効果を発揮します。ガッチガチの身体と脳がスーッと緩んでいき、怒りも徐々にしぼんでいきます。ぜひ試してみてください。

Point

子どもだけでなく、大人にもオススメのすご技！

スーハー作戦

『イラッとしたら、深呼吸』

《子どもの行動にイラッとしたタイミングで》

ママ「もう！　なんで言うこと聞かな（ハッ）」

子「（ビクッ！）」

ママ「スーハー作戦やらないと！」

スーハー、スーハー、スーハーと鼻から息を吸って口から吐く、をくり返す

子「ママ、なにやってるの？」

ママ「大きな声で怒りそうになったからスーハー作戦してるんだよ」

子「スーハー作戦？」

ママ「そう。これをするとママ、落ち着くんだよ」

子「へー」

ママ「○○くんも、ママに大声で怒られるのイヤでしょ？　スーハー作戦して落ち着いてお話しするほうが、ママの話をちゃんと聞いてくれるかな～と思って」

子「うん、怒られるのは嫌だから、スーハー作戦するほうがいい！」

ママ「ママもそう思うよ。身体にギューって入った力がフワっと抜けていくんだよ。だから、大きな声で怒らなくてもすむんだよ」

子「すごいね！」

落ち着いてから伝える

ママ「そうでしょ。ママ、落ち着いたからちょっと大事なお話をするよ。聞いてくれる？」

子「うん」

ママ「あのね、ママはお風呂が冷めちゃうから○○くんと一緒に早く入りたいんだよ。だから、テレビはそこまでにして、一緒にお風呂に入ろう。録画しておいてあげるから、お風呂から出て寝るまでの時間に見られるよ」

子「わかった」

《兄弟関係でイライラしているタイミングで》

子「あー‼　何やってるんだよ‼」

子「ギャー！」

ママ「どうしたの！　2人とも」

子「だって、こいつが‼」

ママ「うんうん、ちょっと体に力が入ってるからスーハー作戦やってみよう。ほら、一緒にスーハーしてごらん」

弟を抱っこし、子どものタイミングに合わせて鼻から息を吸って口から吐く、をくり返す

ママ「2人とも、ゆっくりスーハーしたら気持ちが落ち着くよ。大丈夫かな?」

子「うん」

ママ「お兄ちゃん、話を聞こうか?」

子「こいつがぼくのブロックを壊したんだ!」

ママ「そうだったのね。壊されたから怒ってたんだね」

子「うん」

ママ「悲しかったね。せっかく頑張って作ったのにね」

子「うん」

ママ「(弟に)お兄ちゃん、頑張って作ったブロックを壊されたから怒ったんだって。悲しかったんだって」

子「……」

ママ「お兄ちゃんは、次からどうしてほしいのかな？」

子「ぼくが作ったのは触らないでほしい」

ママ「（弟に）お兄ちゃんが作っているときには、触らないであげてね。（兄に）お兄ちゃんが作っているのがかっこよくて羨ましかったんだと思うよ。今度、弟にも作ってあげてくれるかな？　きっと、喜ぶと思うんだけど」

子「わかった」

ママ「（兄に）ありがとうね。（弟に）良かったね〜。今度お兄ちゃんがかっこいいのを作ってくれるんだって」

子「うん！」

〈解説〉

スーハー作戦は、その場ですぐにできます。**両手を広げたり閉じたりする動作を加えることでストレッチ効果も高まり、リラックスした状態を作ることもできます。**子どもは、新し

い刺激に反応しやすく大人より気分が変わりやすいので、このテクニックは重宝します。

さて、これまで紹介してきた「衝動のコントロール」のテクニックの中から、ママが使いやすいもの、子どもが使いやすいものを選んで使い続けてください。

衝動のコントロールができれば、そのあと会話が成り立つので、親子のコミュニケーションの時間をたっぷりとることができます。イラッとしたときの初めの一歩、一呼吸おいて踏み出してくださいね。

5章

なんでもかんでも、怒らない

子どもに響く「言い方・接し方」はコレ!

1 子どもを気安く叱ってない？

「怒りの性質」を知り、対策しよう

こんなこと、ありませんか？

ママ友の子どもがトラブルを起こしたとき、

「子どものすることなんだから、そんなに気にすることないよ！」

「大丈夫、大丈夫！　男の子なんだもん、それくらいあるって！」

なんて励ましの言葉をかけたこと……。

他にも、ママ友が、

「うちの旦那、仕事から帰ったらビールを飲んでテレビを見て笑ってるのよ！　私は座る暇もないほど、バタバタしてるのに！」

なんて怒っている話を聞いて、「あ～、わかるわかる！　そんなことされたら、腹が立つよね～」と、笑って話していたことが……。

でも、実際わが子が、トラブルを起こしてしまったら、忙しいときに旦那がビールを飲んで笑っていたら、とてつもなく腹が立つのではないでしょうか。

実はこれ、「怒りの性質」が私たちの怒りを誘発しているのです。ここでは代表的な怒りの性質を5つ紹介します。

これから詳しくお話ししますが、**他人の子より自分の子、他人の旦那より自分の旦那に対して、よりイライラするのは理由があるのです。**家庭で頻繁に怒りをぶちまけないためにも、自分はどんなときに怒りが大きくなるのかを事前に知り、予防策を考えましょう。では、早速見ていきましょう。

1 「立場の強い人」から「弱い人」に流れる

職場で言えば上司から部下、家庭で言えば親から子どもというイメージです。もっと言えば、**パパからママへ、ママから上の子へ、上の子から下の子へという感じです。**下の子はぶつける相手がいなくて園や学校に行って、自分より弱い友達にその怒りをぶつけます。こうして、怒りはどこまでもめぐり続けていくのです。そして、その怒りはまた自分のところに帰って来る可能性だってあるのです。

今後、より良い親子関係を築いていくためには、怒りの連鎖をストップさせることが大切です。子どもは親より弱い立場なので、どんなに反抗しても親にかなうわけがありません。**もし、その怒りを持ち続けて成長すれば、思春期になって力関係が逆転したときに修羅場を見ることになるのです。**

怖いでしょ。だから、アンガーマネジメントの実践で怒りの垂れ流しをストップしましょう！

② 身近な対象に強くなる

これはまさに、先ほどのママ友エピソードが証明しています。**自分に関係のない人のことは他人事ですませられますが、身内に対してはそうはいきません。**

信頼を裏切られれば、「うちの子がまさか」というショックや、夫に対して「わかってくれていると思ったのに」という残念感が怒りを誘発してしまうのです。自分にとって大切な人にこそ、気持ちを伝えていくことが大事なのだと思います。

③ 八つ当たりをしてしまう

怒りが強い者から弱い者に向けられると、**弱い者は怒りのはけ口を探します。**それが八つ当たりという形になって別の方向に怒りの火花を散らしてしまいます。

八つ当たりをされることほど嫌なことはありませんよね。八つ当たりをすることも、八つ当たりをされることもない家族関係を築くためにもアンガーマネジメントで上手に怒りを伝える方法を習得していきましょう！

④ 伝染しやすい

近くにイライラしている人がいると、「どうも居心地が悪いな」とか「雰囲気悪くない？」などと思うことはありませんか？

怒りの感情を伝染させるより、嬉しい気持ちや楽しい気持ちを伝えられる毎日を送れるようになるといいですね。

⑤ モチベーションになる

怒りの感情にもポジティブな性質があります。怒りをコントロールできれば、そのエネルギーは自分を高めるモチベーションにすることもできるのです。

悔しさをバネに頑張ったり、失敗した経験を活かして新しい発見をしたりする話を聞いたこともありますよね。怒りの感情は、成長を促すうえで役立つことがあるんですね。

怒りの性質を知っていると、自分の怒りをむやみに大きくしないための方法を探るヒントになります。怒るときの「3つのルール」（25ページ参照）と合わせて覚えておけば上手に怒れるママへの近道になります。

Point
ママは「弱い立場」の子どもに対して、怒りやすい。このことを覚えておこう

ぶっちゃけコラム

怒りすぎたら、素直に謝る

ママの心の感情バランスの話をしましたが、これ、子どもにも同じことが言えるのです。

うちの次男は、幼少期、感情コントロールが苦手な子どもでした。すねる、ふてる、泣く、暴言を吐く、暴れる、出ていく……のオンパレード。今となっては、「こんな子だったかな？」と疑ってしまうほど落ち着いています。

ときどき、その片鱗を私には見せていますが、本人も自覚しており、「母ちゃんに話したらすっきりした。もう大丈夫」と、気持ちをリセットして中学校生活に戻っていきます。

幸いなことに、私がアンガーマネジメントを学んだのは次男が3歳児クラスの秋頃です。それから、彼の荒れた行動の裏側にどんな気持ちが隠れているのか、彼が求めている理想の状態（彼なりの「べき」）は何か、を考えるようになりました。

同時に、私にビクビクしながら生きていた長男の気持ちについても向き合う努力をしてきました。もともと長男は天真爛漫で自由気ままなのんびり体質だったのに、いつの頃からかビクビクした子どもに育ってしまい、私のなかでは懺悔の気持ちでいっぱいでした。

子どもの気持ちに向き合う生活を始めたとはいえ、もともと短気な私が、そう簡単に子どもの気持ちを優先して考えるなんてことができるわけもなく、すぐにイラッとしたり、ムカッとしたりして、怒ることはしょっちゅうありました。

でも、**「ハッ！　怒りすぎてしまった」「無駄に怒ってしまった！」と気づいたときに「すぐ謝る」ようにしたのです。**

「ごめん、怒りすぎた」「怒るほどのことじゃなかったのに、ごめんね」と、子どもの顔を見て謝ります。謝ることで、子どもの表情が緩まるんです。

「ごめんなさい」は、悪かったと思ったときに伝える言葉ですが、それと同時に相手を思って伝える言葉でもあるなと感じます。これからもいい関係でいたいから「ごめんなさい」と伝えるんですね。その気持ちが伝わるから、子どもたちも安心した表情になったのだと思います。

2
「怒るときのコツ」は4つある

怒り方にはコツがあるんだ
「原因を責めない」
どうしたら早く片づけられるかな？
脱いだら洗たく機に入れてもらえると嬉しいな

やってはいけない怒り方がある

怒るときの口癖ってありませんか？　私がよく使っていたのは「いい加減にしなさい！」「何回言ったらわかるんよ！」というセリフでした。

人によっては、「絶対ダメ！」「前にも言ったでしょ！」「お兄ちゃんが悪い！」「なんでそんなことしたの？」なども、あるあるのフレーズではないでしょうか。

実はこれ、アンガーマネジメントでは、やってはいけない怒り方の代表的な台詞です。

〈やってはいけない怒り方〉は次の４つです。

①「怒る基準」を機嫌の善し悪しで変える
②関係ないことを持ち出す
③原因を責める
④一方的に決めつける

これさえ気をつければ、NGな怒り方をする頻度が減っていき、上手に怒れるようになります。では、具体的に見ていきましょう。

1 機嫌の善し悪しで、態度を変えない

× イラッとしたら、気分に任せて怒る

○ イラッとしたら、「怒る理由を説明できるか」を考える

子どもが粗相したとき、ママの機嫌によって怒ったり怒らなかったりすることはありませんか？

これをやり続けると、子どもまで落ち着かない行動が目立つようになってしまいます。それは、一番身近な存在であるママの機嫌がダイレクトに子どもに伝わるからです。

それに、ママの機嫌や気まぐれで怒り続けていると、子どもの善し悪しを判断する基準が「ママの機嫌」になっていきます。これが、怒る基準を機嫌で変える怒り方がＮＧであることの理由です。

例えば、子どもが「牛乳をこぼした」とします。

ゆとりのある休日なら、「気をつけなさい」と注意する程度にとどめたのに、朝の忙しい時間にこぼされると、イライラして烈火のごとく怒ったとします。

このとき、子どもから「なんで今日は怒るの？」と聞かれたらどう答えますか？

今の私なら具体的な理由が伝えられないので言葉に詰まってしまいます。

でも、当時の私は堂々と、

「あんたがこぼすからでしょ！　文句言わんの！」

と、言っていました。自分の機嫌が悪いからなんて、絶対に言えないですからね。

それでは子どもは、納得できませんよね。でも、仕方ないから「今日は母ちゃんの機嫌が悪いから怒っているんだ」と無理矢理、自分を納得させていたのかもしれません。


このように、同じ出来事に対してママの機嫌が良いときには怒られない、でも、機嫌が悪いときには怒られる、という経験をした子どもはとっさにママの顔色を伺うようになります。この怒り方では、いくら大切なことを伝えようと思ったとしても、その真意が伝わりにくくなってしまいます。

上手に怒るためには「怒る基準を機嫌で変える怒り方はNG」なのです。怒るときは、「怒っている理由を子どもに説明できるか」を意識してみてくださいね。

② 関係ないことを持ち出さない

× 「過去の話」を持ち出して怒る

○ 「今、伝えたいこと」を1つに決める

子どもに何度注意しても、同じことを繰り返すことはありませんか？

私も「またやってる！」と感じることはしばしばあります。でも、怒るときに、過去のことを持ち出すのはＮＧなのです。

「また牛乳をこぼしたの!?　こぼさないでって、この前も言ったよね。保育園でも給食のときのお茶を、こぼしたんでしょう。いい加減、こぼさずに飲めるようにしなさい！」

こんなセリフ、言ったことありませんか？

これにはいくつもの情報が含まれている上に、「いい加減、ちゃんとしなさい」という、曖昧な言葉で伝えているので、子どもはどういう状態がちゃんとしたことになるのかさえわかりません。

怒るときは、今一番伝えたいことを1つに決めて怒りましょう。そして、怒りっぱなしにするのではなく、どうすれば問題が解決するかを一緒に考えてあげましょう。

「コップを持つときは、両手で持つようにしてみようか」

「手が当たってこぼれないように、机の奥側にコップを置くようにしてみようか」

「左手でコップを持たずに、右手（利き手）で持つようにしてみようか」

と、改善できそうな提案をするイメージです。さらに、

「こぼさずに飲めるようになると、今より楽しくご飯が食べられるね。ママもこぼさずに飲めるようになると嬉しいよ」

このように、子どもにとってもママにとっても、この先の未来は「HAPPYなんだよ」というイメージを具体的に伝えられるといいですね。

③ 原因を責めない

×「どうしてなの!」と責める

○「どうしたらできるかな」と一緒に考える

「どうして!」「なんで!」と、「原因を責める怒り方はNG」です。原因を追及されればされるほど、逃げたくなるもの。子どもは「だって……」と、言い訳を始めます。

そこで、提案したいのが**注目するポイントを「原因」から「解決」に変えていく方法です。**

「なんで」「どうして」という言葉を「どうしたら今より良くなるかな」「何をしたら解決す

るかな」に変えていくのがオススメです。一例を挙げます。

「どうしてこぼしたの！」

↓**「牛乳をこぼさずに飲めるようになるために、どんな工夫ができるかな？」**

「なんで、宿題しないの！」

↓**「どうしたら宿題ができるようになるかな？」**

「集中しなさい！」

↓**「集中力が続かないなら、おやつ休憩をとってから続きをするのはどうかな？」**

こんなふうに解決志向で話してみましょう。ほんの少し言葉を変えるだけで、ママも子どもも問題解決に前向きに取り組めるようになるはずですよ。

④ 一方的に決めつけない

× 「いつも、できてない！」とイライラする

○ 今はできてないけど「この間はできてたかも」と一呼吸おく

一方的に決めつける怒り方にはこんなＮＧワードがあります。

それは、「いつも」「絶対」「毎回」「必ず」などの断定的な言葉です。例えば

「いつも、朝は起きられないわよね」

「絶対、宿題をしていないでしょ」

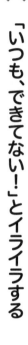

「毎回、ぬいぐるみを置きっぱなしよね」
「必ずピーマン残しているよね」
などの使い方です。

こんなふうに決めつけられた言い方をされると、気持ちのいいものではありません。「いつもじゃないし！」「絶対じゃないし！」と反発したくなる気持ちもわかります。**「今日はできていない」「今はできていない」「今回はできていない」など、確実に確認できる事実について怒るようにすれば、子どもも納得できるのではないでしょうか。**一方的に決めつける怒り方がＮＧなのは、このような理由があるからです。

以前の私は、やってはいけない怒り方のオンパレードだったのですが、アンガーマネジメントを学んでかなり改善してきたつもりです。

でも、もともと短気なうえに、「べき」もたくさん持っている方だったので、正直、心のなかでは「またか〜」と、過去を思い返してみたり、「なんで？　嘘でしょ？」と原因を責めるような言葉をつぶやいてみたり、「やっぱりね」「当然、知っていました！」みたいに決めつけたり、思い込んだりしていることが、今でもあるんです。

ただ、なるべく、それを反射的に表に出さないようにするために、4章で紹介した「衝動のコントロール」をしてから、話す努力をしています。

イラッとした感情のコントロールが少しずつできるようになったので、思春期真っただ中にいる長男や次男とも、快適なコミュニケーションが取れる関係でいられるようになっています。

とはいえ、かつて私はよく失敗していました。「失敗したな〜」と思ったら、「とにかく素直に謝る」を徹底していました。

「ごめん、ちょっと怒りすぎた」

「今の怒り方、いけんかったな」

「決めつけた言い方をしてしまったけど、間違ってなかったかな」

と、謝ったり確認したりするようにしたのです。そうすることで、私は自然に「次は気をつけよう」という気持ちにもなれましたし、子どもも不満を引きずらなくてすむようでした。

さらに良い効果として、私が素直に間違いを認めるようになったことで、子どもが「自分が間違っているかも」と感じたときに、素直に謝れる子どもに変わっていったのです。「謝りなさい！」と言わなくても、

「あ、洗濯物を出してなかった～。ごめんね～」

「ごめん、今日はちょっと帰りが遅くなる」

という感じの言葉がさらりと出るようになったのです。

それにね、「了解、大丈夫よ～」なんて私が答えたら、「ありがとう！」と言って返してくれるんです。「あ～、心地いいな～」と、感じながら過ごしている今日この頃です。

ぜひ、やってはいけない怒り方、4つのNGポイントを意識して、話してみてくださいね。

Point

怒り方を見直して、言い方を変えていこう！

3 子どもの実情に合わせて、具体的に話す

許容範囲を広げる方法

私たちは、知らず知らずのうちに子どもに高いレベルを求めがちです。このため現状とのギャップを目の当たりにしてイライラするのかもしれません。

怒りを増幅させないためにも、期待値を下げる工夫をしてみましょう。

それが、次の3つです。

①理想の状態を決める
②絶対に許せない状態を決める
③「まあ、いいか」と思えることには怒らないと決める

では、具体的に見ていきましょう。

コツ①

「理想の状態」を決める

《「うちの子」の現実を見極める》

ママが子どもにイラッとする瞬間は、「子どもが言うことを聞いてくれないとき」や「思い通りにならないとき」ではないでしょうか。

私はもともと保育士をしていたこともあり、子どもの発達に敏感だったのだと思います。そのせいで、**我が子に求める子ども像の理想がとても高かった……。**「もっとちゃんとできるはず！」と子どもに負担をかけながら、いろんなことを「ちゃんと」やらせたいと思い、ずいぶんガミガミ言ってしまいました。

そんな反省も込めて言うのですが、これは、エネルギーの無駄使いです。

くり返し怒っているのにやらないのであれば、子どもにとって「難しい」「レベルがあっ

ごはんの量を減らしてみる
スプーンも用意してあげる
レベルを下げてみる

ていない」「理解できていない」「納得できていない」ことなのかもしれません。子どもにとって「ハイレベル」で「理解できないこと」を「納得させよう」としても無理な話です。

そこで私は、「うちの子ならできるはず！」という現実を確認せずして期待するのをやめることにしたのです。

過度な期待ではなく、目の前の我が子の発達段階で**「どこまでだったらできるかな」**と、**「少し頑張ったらできそうなレベル」を考えるようにしたのです。**もちろん一般的な発達段階ではなく、うちの子どもの「できそうなレベル」という意味です。ぜひ「うちの子」バージョンで、考えてみてくださいね。

《具体的に表現する》

上手に怒るために理想の状態を決めるときは、「ちゃんと」「もっと」「しっかり」「ちょっと」などの曖昧なイメージで設定するのはやめておきましょう。

私が当時やらかしていた「ちゃんとやらせたい！」は当然NGです。

例えば、「靴をちゃんとはいてほしい」を、具体的な言葉で設定し直すと、

「自分で左右を正しくはいてほしい」

「かかとを踏まずにはいてほしい」

「マジックテープをとめてはいてほしい」

などと言い換えることができます。

他にも、「朝ごはんはしっかり食べてほしい」を言い換えると、

「出されたものは全部食べてほしい」

「一人で全部食べてほしい」

「食べさせてもらってもいいから、全部食べてほしい」

「お箸と茶碗を正しく持って食べてほしい」
「テレビを消して食べてほしい」
「8時までに食べてほしい」

など、様々な理想の状態が想定できます。このように、どういう状態が理想の状態かを具体的に伝えてあげないと親子のイメージが一致しないのです。イメージが一致しない状態で、怒られた子どもはただただ、不満が募るだけ。これは、絶対に避けたいですよね。

《「できたね！」を積み重ねる》

それからもう一つ、言葉で具体的に伝えても、子どもが言うことを聞かないのであれば少しレベルダウンをした方がいいかもしれません。ほんの少しレベルを下げてあげることで、子どもの「それならできる！」という思いを引き出すことができます。

「それならできる！」→「やってみた」→「できた！」→「少しレベルを上げていく」という、いわゆるスモールステップで、徐々に理想に近づけていく方が遠回りに見えて実は近道だったりするのです。

例えば、「出された朝ごはんは全部食べてほしい」ことが一番理想の状態なら、まずは、「食べさせてもらってでもいいから全部食べる」とか「全体量を少し減らしてでも自分で全部食べられるようになる」という感じのレベルダウンです。

子どもにとっては「できた！」の積み重ねが、自己肯定感につながります。同じゴールを目指すとしても「できてないよ！」を積み重ねるより「できたね！」を積み重ねてもらう方が、やる気がわいてきますよね。

コツ②

「絶対に許せない状態」を決める

《線引きすれば、仕分けできる》

次にすることは「絶対に許せない状態を決める」ことです。この状態になったときは「怒る」ことができます。アンガーマネジメントでは、怒らないママになることを目指してはいないので、「どう考えても、絶対許せない」と思えば怒ってOK。

「理想の状態」と「許せない状態」が、自分の中で線引きできていれば、「怒らなくていいこと」と「怒ること」の仕分けがしやすくなるでしょう?

そして、**「これ以上は絶対許さない!」のはどんな状態なのかを子どもに伝えてください。**

なお、その理由を具体的に伝えられるかも重要です。

《許せないことは最小限に》

先ほどと同じ例を使って考えましょう。

「朝ごはんはしっかり食べてほしい」の理想の状態が「食べさせてもらってもいいから全部食べる」です。一方、絶対に許せない状態は「テレビを見ながら食べる」に決めてみます。

ここでは、「テレビを見ながら食べる」こと1つに絞っていますが、場合によっては、絶対に許せない数がもっと多い場合もあるかもしれません。

たくさんあることが悪いわけではないのですが、アンガーマネジメントを続けていく上で、絶対に許せない状態がたくさんあるほど怒ることは増えてしまいます。

やはり、許せることを増やしていく方がイライラしない毎日を送ることができるのでオススメです。

コツ③

「まあ、いいか」には怒らないと決める

《「まあいいか」の理由を見つける》

これからは、ちょっと大目に見てあげる機会を増やす意識を持ってみましょう。

「理想の状態ではないけど、まあいいか」「絶対に許せないほどではないから、まあいいか」「これくらいなら大目に見ても、まあいいか」と思えることを増やすのです。

ここでも同じように「朝ごはんはしっかり食べてほしい」で考えてみましょう。

理想の状態と絶対に許せない状態は先ほどと同じで「食べさせてもらってもいいから全部

食べる」と、「テレビを見ながら食べる」です。

そして、「大目に見ても、まあいいか」は、

「出されたものを全部食べていなくても、（8割程度食べられているから）まあいいか」

「お箸と茶碗を正しく持っていなくても、（手を添えることができているなら）まあいいか」

「7時40分までに食べられなくても、（家を出る時間に間に合うのなら）まあいいか」

と、大目に見る感じ、なんとなく伝わりますか？

この、「大目に見ても、まあいいか」を少しずつ増やすことができれば、「絶対に許せない状態」を減らすことができるはずです。

《「3つの箱」をイメージする》

3つの箱をイメージしてください。1つは「理想の状態ＢＯＸ」、もう1つは「絶対に許せないＢＯＸ」、最後の1つが「大目に見ても、まあいいかＢＯＸ」です。

「絶対に許せないＢＯＸ」に入っているものを「大目に見ても、まあいいかＢＯＸ」に入れ替える作業を頭の中でしている感じです。

ちなみに「理想の状態ＢＯＸ」には、たった1つの理想の状態が入っています。この理想の状態を、わかりやすく言葉にするなら「～べき」で表現できます。そうです、「理想の状態ＢＯＸ」は「～べき」というコアビリーフを入れる箱なのです。

同じ例だと、「理想の状態ＢＯＸ」には「食べさせてもらってもいいから全部食べるべき」が入ります。

この「理想の状態ＢＯＸ」に入れた「べき」を基準に、「大目に見ても、まあいいかＢＯＸ」と「絶対に許せないＢＯＸ」に、どんな状態を入れるのかを仕分けていくのです。

このため理想の状態が高すぎると、ハイレベルな基準になってしまうので仕分ける状態も増えるし、仕分け自体も複雑になります。一方、**ある程度「できそうなレベル」まで下げた状態を「理想の状態BOX」にすれば、仕分けをする状態も少なくなるはず**なので、ストレスなく仕分けができるのではないでしょうか。

《イラッとしたら、ただちに箱に仕分けよう》

ここでお話ししたことは、少し難しいと感じたかもしれません。

でもね、怒るか怒らないかを決めるときには、これまで説明してきた「BOX」に仕分ける作業をイメージすればわかりやすいのではないかと思うのです。

私は、イラッとするたびに頭の中に「BOX」を「ボンボンボン！」と3つ設置して、目の前の状態がどこに入るか考えていました。

何度も言いますが、私は短気人間ですから、「〜べき」をたくさん持っているのでしょっちゅう、頭の中で仕分け作業をしていました。

「子どもの連絡帳の字が汚い」

「学校からの配布物を出し忘れる」

「体操服を洗濯に出すのを忘れている」

とか、ほんの些細なことまで「3BOX」を使っていました。

こうして、**繰り返し考えることで「大目に見ても、まあいいか」と思えることが次第に増えていったのです。**不思議でしょ？　これが感情のコントロールができるようになった証明なんだと思うんです。

《理想の状態を決めるとき》
・曖昧な設定はしない
・「子どもができそう」と思える設定にする

《絶対に許せない状態を決めるとき》
・「これ以上は怒りますライン」を示す
・その理由が具体的に伝えられる

・「大目に見られること」を増やしていくと怒る回数が減ってくる

《「まあ、いいか」には「怒らない」を実行するために》
・「理想の状態ＢＯＸ」「絶対に許せないＢＯＸ」
「大目に見ても、まあいいかＢＯＸ」に仕分けて考える

ぜひ、これらのポイントを押さえながら、上手に怒れる自分に一歩ずつ近づいていきましょう！

Point
3つの箱に仕分けるうちに、「まあいいか」が増えていく

4 「変わらない状況」は、いったん受け入れる

自分にとって「重要」なことがうまくいかないと…
はぁ…
イライラするよねえ
ごちゃあ…
キレイにしてよ!!
ママにとっては重要なこと
でもパパたちにとってはそうでもないのかも
べつに──?

「重要なことだけ」怒ると、ストレスが減る

どんな人でも多かれ少なかれ、「なんで、こんなに大事なことを忘れるの？」とか、「なんで、わかってくれないの？　ひどい！」と相手に怒りを感じたことはあると思います。
その一方で、相手に対して、「え？　それって重要なこと？」「は？　それ、怒るところ？」と言いたくなった経験はありませんか。

同じ出来事を体験していても、それに対して怒りを感じるかどうかは、人それぞれです。人によって「とても重要だ」「絶対にすべき」「守るべき」と感じるポイントは異なるからです。

私たちは知らず知らずのうちに、この「〜すべき」という「べき」を基準に行動しており、自分がとても重要だと思っていることが上手くいかないと、非常にストレスを感じて、イライラしたりするのです。

これを理解していれば、「それほど重要でないことについては怒らない」という選択肢に

気づけるということでもあります。

今後は「重要なことだけ」に怒ればいいんです。

こんなふうに頭を切り替えれば、重要か重要でないかを考えることで、怒らなくていいことが増えていくはずです。

もう一つ考えてほしいことがあります。それは、今、ストレスを感じているその出来事は「自分が何か行動すれば変えられるかどうか」ということです。

もちろん、なかには変えられないこともありますが、変えられるものがあれば、ストレスを減らすためにぜひ行動しましょう！

その行動は、「上手に怒る＝伝える」です。

ストレスログを使ってみよう

では、これまでお伝えした2つのポイントについて、まとめていきましょう。

・**重要度を考える**
・**自分で変えられるのかを考える**

この2つのポイントを仕分けしやすいように表にしたものが、アンガーマネジメントの「ストレスログ」（左ページの表参照）です。この表に当てはめて考えることで客観的に怒りを見つめなおすことができます。ストレスログのどの場所に入れたかによって、自分がとる行動が変わります。では、1つずつ見ていきましょう。

1変えられる・重要

自分にとって重要であり、自分が行動することで状況を変えることができるものを入れます。**大事なのは、「自分がどうにかする」という視点です。**「いますぐ、やる！」という意識で取り組みましょう。

いつまでに、どの程度、変えられたら納得するのかを整理して行動しましょう。

①いつまでに変わればＯＫなのか
②どの程度変わればＯＫなのか

行動のコントロール（分かれ道）

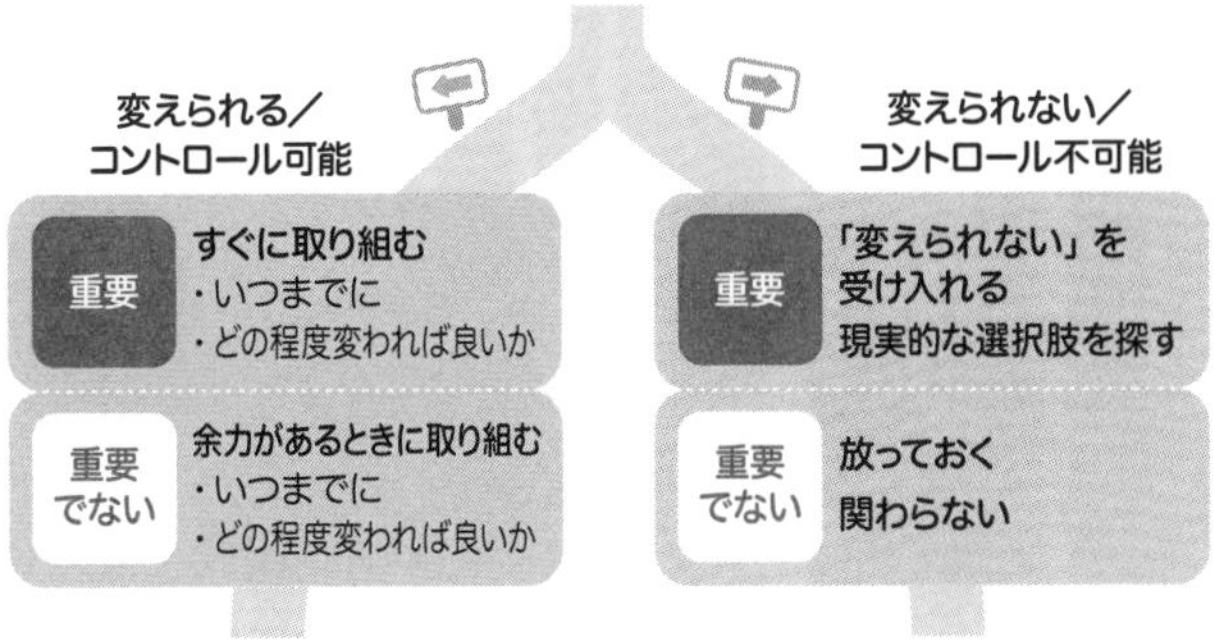

変えられる／
コントロール可能
変えられない／
コントロール不可能
重要
すぐに取り組む
・いつまでに
・どの程度変われば良いか
重要
「変えられない」を
受け入れる
現実的な選択肢を探す
重要
でない
余力があるときに取り組む
・いつまでに
・どの程度変われば良いか
重要
でない
放っておく
関わらない

出典：一般社団法人　日本アンガーマネジメント協会 2023 年アンガーマネジメント入門講座

2変えられる・重要ではない

自分で変えられるけれど重要だと思わないものが入る場所です。自分の貴重なエネルギーを使って怒る必要がないことです。

だとすれば、自分の時間に余裕があるときや気持ちにゆとりのあるときに取り組めばＯＫです。ただし、行動するときは整理してからにしましょう。ポイントは、1と同じです。

①いつまでに変わればＯＫなのか
②どの程度変わればＯＫなのか

3変えられない・重要

この場所に、**重要だけど、どう頑張っても変えられないものが入ります。**感情コントロールが一番難しい場所とも言えるでしょう。

この場所に入れた時点で、できることは「変えられない状況を受け入れる」こと。

そして、自分の怒りがヒートアップしないような現実的な選択肢を探すことに頭を切り替えましょう。

4変えられない・重要ではない

この場所に入れたものに関しては、放っておく、もしくは関わらないようにします。わざわざ自分のエネルギーを使う必要はありません。手放してしまいましょう。

【どんなふうに怒るか、行動を決めるときのコツ】

①重要か、重要ではないかを考える
②自分で変えられるか、変えられないかを考える
③ストレスログの４つのどこに入るかを考える
④入れた場所ごとに行動を変える

もしあなたが、変わらないことに怒りを持ち続けているのだとしたら、それは、ストレスログの3番か4番に入っているものに怒り続けているのかもしれません。

一度、どちらの場所に入るものかを考えて仕分けてみてください。そうすれば、今の段階であなたがとるべき行動が明確になるのではないでしょうか。

でも、もしどうしても変えたいと思うのであれば、一旦、1番に入れ替えて「①いつまでに変わればOKなのか ②どの程度変わればOKなのか」を整理して、変える方向にチャレンジしてみてください。

それでも変わらない場合は、3番の「変えられない・重要」に入れることに抵抗感がなくなるのではないかと思います。ストレスログ、ぜひ活用してみてくださいね。

Point

「変えられる状況」に、エネルギーを使おう！

5 「ストレスログ」を使ってみよう

4つの場所に仕分けていく

これから「変えられるもの」「変えられないもの」について考える練習をしてみましょう。

ストレスログには、次の4つの場所がありました。

①変えられる・重要　**②変えられる・重要ではない**
③変えられない・重要　**④変えられない・重要ではない**

これから、ストレスのかかる場面を例に挙げるので、①～④のどの場所に入れるのか、実際に仕分けてみてください。

Step①　仕分ける

ここではどう行動するかは考えず、①～④のどれに当てはまるかを考えて仕分けましょう。

a　隣の車の急な車線変更にイラッとする
b　満員電車にイラッとする
c　人気レストランで食事をするときの行列にイラッとする
d　既読無視にイラッとする
e　マスクをしていない人にイラッとする
f　コロナ禍で行動制限しなければならないことにイラッとする
g　子どもの体調不良にイラッとする
h　子どもが園や学校でケガをしたことにイラッとする
i　子どもが帰宅する時間を守らなかったことにイラッとする
j　家事が終わらないことにイラッとする
k　他人（上司・ママ友・パートナー）のとった行動にイラッとする
l　レストランで注文とは違うものが運ばれてきたときにイラッとする

「自分だったら」という視点でどの場所に入るのか考えてみましょう。例えば、私なら以下のような感じです。

a 隣の車の急な車線変更→④変えられない・重要ではない

「危ない！」とは思うけれど、ぶつけられたわけでもないし「重要ではない」。相手に文句を言える状況でもないので「変えられない」だから④。

d 既読無視→③変えられない・重要

私は、「内容を確認したら、返事をして相手を安心させるべき」という「べき」をもっています。このため、感情がかなり揺れる重要案件ですが、相手が同じだとは限らないのもわかっています。相手を変えることはできないので、③。

i 子どもが帰宅する時間を守らなかった→①変えられる・重要

子どもが予定の時間に帰宅しなければ心配ですよね。これは、私にとって大切な問題です。子どもと話し合うことで、解決策を見つけられると思うので、「変えられる」です。

ストレスを仕分けよう

① 変えられる・重要	③ 変えられない・重要
② 変えられる・重要ではない	④ 変えられない・重要ではない

ー注文とは違うものが運ばれてきた
↓②変えられる・重要ではない

違う料理が運ばれてきたら「違いますよ」と言えばすむな、と私は考えるほうなので、「重要ではない」し、状況を「変えられる」とも思うので、②。


どうでしょう？　少し、イメージがもてましたか？

何度も言いますが、紹介したのは私の場合です。ぜひ、自分ならどう感じるかを試してみてくださいね。

どうしてその場所に入るのか、理由も一緒に考えてみましょう。

Step② 行動を考える

仕分けの作業ができれば、先に紹介したストレスログの行動方法を参考にして、自分の行動を考えていくことができます。

では、行動を考えるときの方法を同じ例を使って紹介しますね。

a 隣の車の急な車線変更↓④変えられない・重要ではない

重要でもなければ、変えられないのに、いちいち車線変更されるたびに怒るのはエネルギーの無駄使いです。イラッとするかもしれませんが、**「事故にならないように気をつけて！」とつぶやく程度で終了です。**

d 既読無視→③変えられない・重要

「③変えられない・重要」が一番厄介ですね。この場所が一番ストレス度は高いと言ってもいいかもしれません。これまで培ってきたアンガーマネジメントの力を発揮するときです！

ここでの行動は、「変えられない状況を受け入れる・現実的な選択肢を探す」なので、**まず私は、既読無視されたことを受け入れます。**

「あ〜、今忙しいのかもね」「すぐに返信の内容を決められないのかもね」などと考えて、受け流します。

そして、**次に現実的な選択肢を探します。**もし急いで返信が欲しい場合には、「18時までには連絡が欲しいので、今忙しいのなら、18時までに返信してくれると助かるよ」と、時間の指定をして時間を守ってもらえると助かる旨を伝えます。

急ぎでない場合は、「時間が空いたら返事してね〜」と、伝えてのんびり返信を待つように努力します。

イライラし続けるのはエネルギーの無駄使いなので、**イライラしないための現実的な方法を探すことが大事になってくるのです。**

現実的な方法とは、例えば「見ないようにする」「関わらないようにする」「必要最低限のことだけを伝える」「仕方がないと諦める」「妥協策を考える」などの方法です。とにかく、できるだけ自分に怒りのストレスがかからない方法を探すようにしてくださいね。

i 子どもが帰宅する時間を守らなかった↓①変えられる・重要

「①変えられる・重要」は、今すぐ行動する必要がある案件です！

「私の場合どう考えるか」を例にして順番に考えていきますね。

まず、「①いつまでに変わればOKなのか」ですが、これは、「次に遊びに行くとき」に改善できればOKにします。次に考えるのが「②どの程度変わればOKなのか」です。

一番理想的なのは、「約束の時間に帰ってくること」です。だから、

「母ちゃんは、あなたが約束の時間に帰ってこなくてすごく心配したんだよ。事故にあったのかもしれないって思うと、すごく不安だったしね。暗くなると、帰り道が危ないから17時までに帰ってくる約束をしたんだよね。行く前に話をしたでしょう？　だから、次に遊びに行くときは、必ず帰る約束を守ってほしいと思っているよ。次は約束を守ってもらえる？」

と伝えます。

ポイントは、約束を守れなかった子どもに対する母親の気持ちと、なぜ約束を守ってほしいのかという理由と、次はどうしたらいいかの提案をしたことです。

なお程度の設定をするとき、少し譲歩できるのなら、次のような伝え方もできます。

「もし、どうしても約束の時間に遅れそうなら、お友達の家を出る前に母ちゃんに連絡をしてほしいよ。お友達のママに頼んで、あなたがこれから帰ることを知らせてもらってちょうだい。そうすれば、安心するからね。もちろん、時間までに帰るのが一番大事なことは忘れないでね」

という感じです。遊びに行く前に、私の携帯番号を書いた紙を持たせてもいいですが、我が家では子どもに私の携帯番号を覚えさせていました。迷子のときにも、店の人に伝えられるようにと思ってね。

このように、「程度」を設定することで、自分の行動が具体的に決まってきます。程度の設定を少し緩めることで、変わりやすくなったりすることもありますので参考にしてみてください。

―注文とは違うものが運ばれてきた→②変えられる・重要ではない

「②変えられる・重要ではない」場合には、余力があるときに取り組むものです。

今回は、レストランの注文間違いの例ですが、店員さんに伝えさえすれば状況は改善できますよね。「すみません。これ頼んでいないので、変えてもらえますか?」と言えばすむ話です。

今回は、①～④に当てはまる例を、私バージョンで紹介してきました。

今後も、様々なイラッと出来事が襲ってくるでしょう。**ストレスを感じるそれらの出来事をその都度、「どこに入るかな～」と頭を切り替えて考えてほしいのです。**入れる場所が決まったら、その場所のルールを基準に自分の行動を決めて実行しましょう。

母親業は毎日、大量のエネルギーを消費します。だからこそ怒りによるエネルギーの無駄使いは、絶対に避けてほしいと思っています。心に余裕ができると、イラッとする回数も減ってくるはずです。

イラッとしたら、「テクニックを使って衝動のコントロール→思考のコントロールで怒るか怒らないかの仕分け→ストレスログに入れ込んで行動のコントロール」。この3つのコントロールで、母親業はグンとラクになっていきます。

Point

3つのコントロールを意識してやっていこう

6 「べき」を手放すヒント

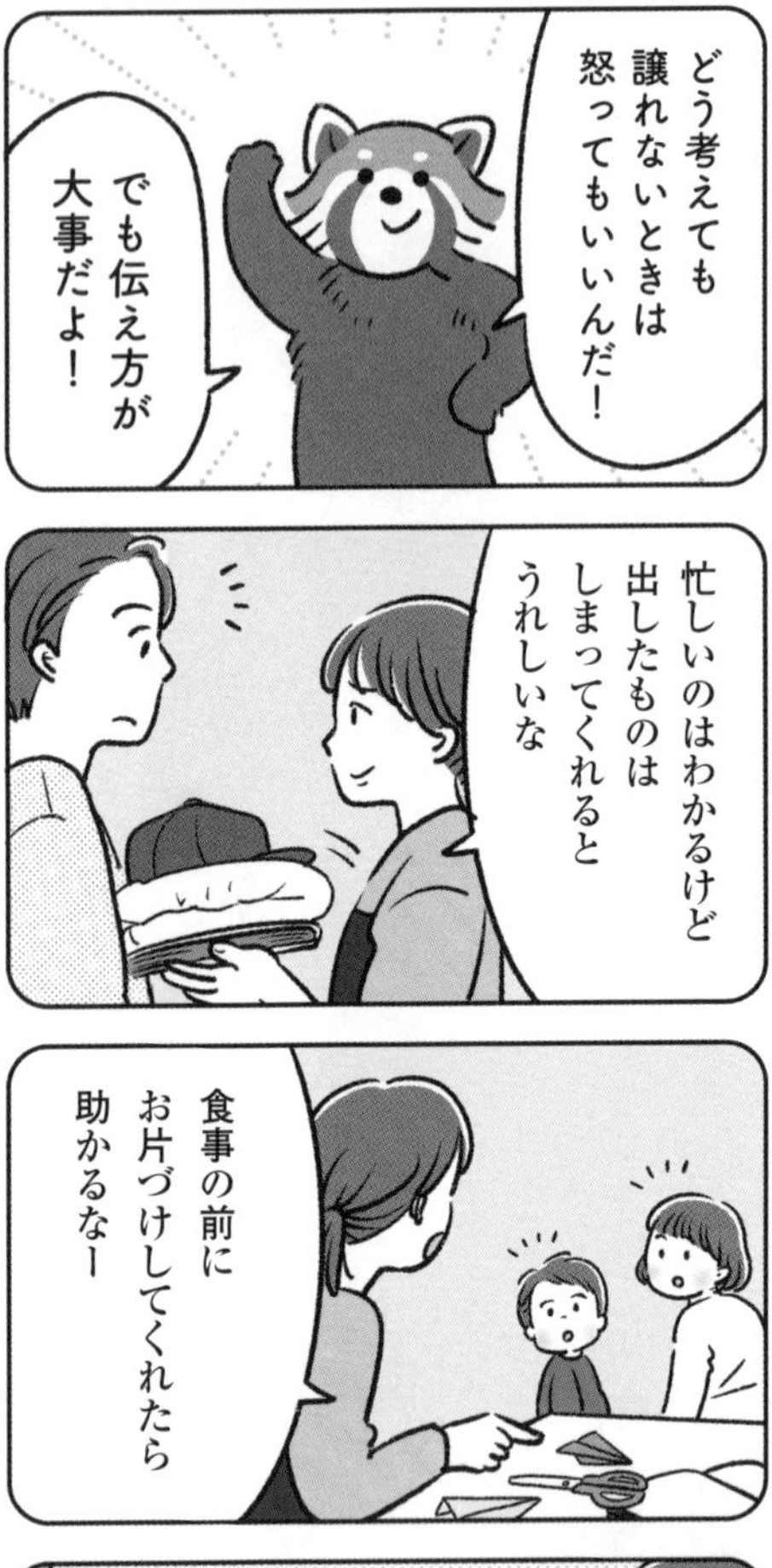
どう考えても譲れないときは怒ってもいいんだ！
でも伝え方が大事だよ！
忙しいのはわかるけど出したものはしまってくれるとうれしいな
食事の前にお片づけしてくれたら助かるなー
ごめんね〜

意味づけで感情が変わる

例えば、園で子どもが転んで擦り傷ができたとしましょう。あなたは怒りますか？　この答えは、人によって様々だと思います。

なぜ、同じ体験をしたのに怒る、怒らないの違いが出てくるのでしょうか。

怒りの感情は、下図のように3段階を経て生まれていきます。ある出来事に対して、どう「意味づけ」するかによって生まれる感情は変わります。

この「意味付け」に大きく影響を与えるのが、「べき」なのです（223ページ参照）。怒りの感情につながるかどうかは、この「べき」に基づく意味付けによって変わってきます。ここでも意味付

出来事への意味付けによって怒りの感情は変化する

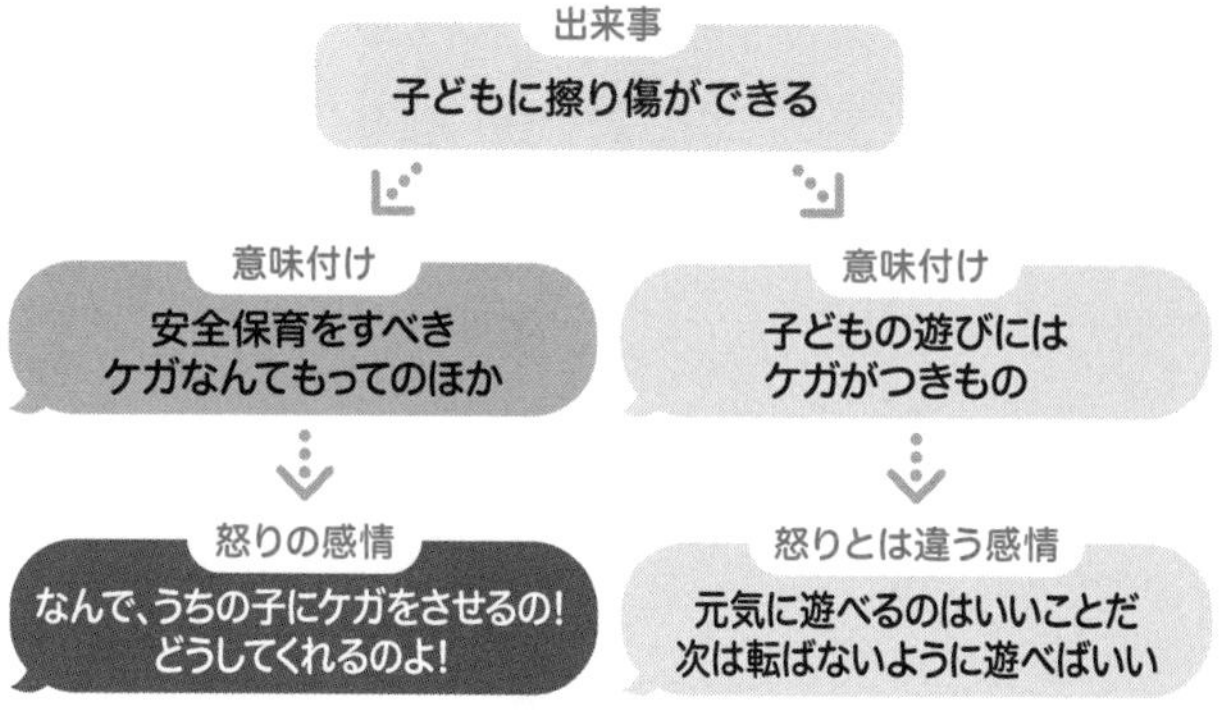
出来事
子どもに擦り傷ができる
意味付け
安全保育をすべき
ケガなんてもってのほか
意味付け
子どもの遊びには
ケガがつきもの
怒りの感情
なんで、うちの子にケガをさせるの！
どうしてくれるのよ！
怒りとは違う感情
元気に遊べるのはいいことだ
次は転ばないように遊べばいい

けについて考えるために例を使ってみていきましょう。

a 隣の車の急な車線変更
b 満員電車
c 人気レストランで食事をするときの行列
d 既読無視
e マスクをしていない人
f コロナ禍で行動制限しなければならない
g 子どもの体調不良
h 子どもが園や学校でケガをした
i 子どもが帰宅する時間を守らなかった
j 家事が終わらない
k 他人（上司・ママ友・パートナー）のとった行動
l レストランで注文とは違うものが運ばれてきた

隣の車の急な車線変更の例

出来事	意味付け	感情
（例） 隣の車の急な車線変更①	車線変更するときは早めにウィンカーを出すべき	《怒り》 危ないじゃないか！ いい加減にして
（例） 隣の車の急な車線変更②	道を間違えたのかな？ ウィンカーを出し忘れていたのかな？	《驚き・安堵感》 危ないけど、事故がなくてよかった 安全運転をしていてよかった！

この例を使って、意味付けと生まれる感情を整理していきます。

その際、次のフォーマットを活用すると整理しやすいと思います。参考に、「a 隣の車の急な車線変更」について2パターンに分けて、それぞれの意味付けを書いてみました。

これらを一つ一つ、整理するうちに自分の「べき」や感情が具体的に視覚化されていくはずです。「あ〜、だから腹が立っていたのか」と、気づかされることもあるかもしれません。**気の持ちようで、意味付けも随分変わってきます。「もし**

かしたら～かもしれない」と意味付けを変えるだけで、怒りとは違う感情に変えることができます。

意味付けできないことは、怒ってOK

この怒りが生まれる3段階（247ページ）を知っておくだけで、アンガーマネジメントを使って上手に怒れるようになります。

もし、どう考えても「もしかしたら～かもしれない」と意味付けができない場合、それは自分にとって重要だということがわかります。アンガーマネジメントでは、重要であれば怒っていいのだから、怒っちゃいましょう。

でも、実際に伝えるときは、「いい加減にしなさい！」というセリフではなく、これまでお伝えしてきた伝え方をフル活用して伝わるセリフで怒ってくださいね。

特に子どもを怒るときには、子どもの理解度、納得感、伝わる言葉、スモールステップ、ママの感情、子どもの感情、提案的な言葉の選択などなど、たくさんの工夫が必要です。

すべてを完璧に使いこなすことは無理かもしれませんが、少しずつでいいので、これらのポイントを意識しながら怒れるようになるといいですね。

「べき」を手放すと、感情的になりにくくなる

本書では、これまでたくさんのアンガーマネジメントの考え方やテクニックについてお伝えしてきました。

そのなかでも、私は「べき」や「マイナスな感情」に向き合うことがとても大切だと思っています。私自身が抱えていた多くの「べき」を手放したことで、様々な出来事に対する「意味づけ」がネガティブに偏る回数が減ってきたな〜と感じています。

だから、「怒り」よりも「他の感情」でそれらの出来事を受け止めることができるようになったのだと思っています。

もちろん、怒りの感情はなくすことができないので、自然にイラッとはしますよ。それも私の大切な感情です。イラッとするのはＯＫ。

でも、たとえイラッとしても、それを私の内側の感情として自分でコントロールして、私の外側へ、伝わる言葉に変換して表現していくように努力しています。

うまくいくときばかりではないので、「失敗したな〜」と思うこともまだまだあります。

でも、失敗したら「ごめんね。言い過ぎた」と伝えたり、「次は、もう少し違う言い方にしよう！」とひとり反省会をしてみたり……。そうやってコツコツとトレーニングを続けています。

Point
出来事への意味付け次第で怒りは減っていく

＜参考文献＞
『2023年アンガーマネジメント入門講座テキスト』日本アンガーマネジメント協会
『子育てのイライラ・怒りにもう振り回されない本』篠 真希（著）／すばる舎
『「つい怒ってしまう」がなくなる 子育てのアンガーマネジメント』
戸田 久実（著）／青春出版社

おわりに

私は今、母ちゃんになって18年が過ぎたところです。

きっとこれからもまだまだ子育ては続いていきます。手が離れても、ずっと、子どもたちは私の宝物です。見た目はもう大人だけど、可愛いし、心配だってするでしょう。

この子たちと、これまでも、そしてこれからもいい関係でい続けられると信じられるのは、アンガーマネジメントのおかげだと言い切れます。

年がら年中、怒りまくっていた私が、怒ることよりも、「大好きだよ～」とか「素敵だね～」「いい感じだね～」と、声掛けする回数が増えたんです。

そうしたら子どもも「ありがとう～」「わかってるよ～」と、言ってくれるんです。

私は「親が子どものことを大切に思っている」ことを、「子どもがわかっていること」はすごく大事だと思うんです。

だってね、どんなに大事に思っていても、それを伝えず怒ってばかりいたら「親は自分のことが嫌いだから怒る」と思ってしまいます。そんなの悲しすぎますよね。

ほんの少しだけ「怒るエネルギー」を減らして「アンガーマネジメントをするエネルギー」に変えてみませんか？ すぐには変わらないかもしれないけど、1週間、1ヶ月後には変わり始めるはずです。

最後になりましたが、本書を手に取ってくださった皆様、ありがとうございます。
ご縁を運んでくださったすばる舎の佐藤由夏さんにも心から感謝を申し上げます。
そして、本の出版を楽しみにしてくれている大切な家族にも、感謝です！
「ありがとう！」

2023年5月吉日

野村恵里

〈著者紹介〉

野村恵里（のむら・えり）

感情保育学研修所代表
日本アンガーマネジメント協会アンガーマネジメントコンサルタント®
社会福祉法人旭川荘厚生専門学院児童福祉学科特任講師

岡山市公立保育園で20年に渡り、保育士として勤務。長男出産後、仕事と家事、育児をなんとかこなすも、次男が誕生し、職場復帰した頃から、イライラが募り、家で怒りを爆発させる日々を送る。親子でヘトヘトの毎日を送り、「もう、ダメかも」と思った2012年、アンガーマネジメントに出会う。アンガーマネジメントを学ぶことで、感情を爆発させず、適切に怒る方法や、子どもに響く伝え方などを会得する。長男、次男との関係も良好になり、子育てが一気にラクになることを実感する。
保育の現場でも、アンガーマネジメントを取り入れることで、3歳から6歳の子どもたちが癇癪を起こさず、気持ちをコントロールしたり、表現したりする機会を多々つくるなど、数多くの実践を積んでいる。

2014年から保育者養成校で勤務する傍ら、アンガーマネジメントの伝え手として各地で保育・教育・子育て現場で講演活動を行っている。実感のこもった、当事者目線の情熱的な講演は人気を博している。保育雑誌の連載など多数。保育者向け著書には『保育者のためのアンガーマネジメント入門』『保育者のための子どもの怒りへのかかわり方』『すぐに保育に使える！　子どもの感情表現を育てる遊び60』（中央法規）、『もうイライラしない！保育者のためのアンガーマネジメント』（チャイルド本社）がある。

とっさの怒りに負けない！子育て

2023年5月27日　　第1刷発行
2023年9月18日　　第2刷発行

著　者———野村恵里

発行者———徳留慶太郎

発行所———株式会社すばる舎

東京都豊島区東池袋3-9-7 東池袋織本ビル　〒170-0013
TEL　03-3981-8651（代表）　03-3981-0767（営業部）
https://www.subarusya.jp/

印　刷———中央精版印刷株式会社

落丁・乱丁本はお取り替えいたします

ISBN978-4-7991-1114-7